DAS

SURFTRIP

ÜBERLEBENSHANDBUCH 2

Better be ready when the *REAL* shit goes down

Melanie Schönthier & Stephan Bernhard

INDAR UNANUE. THE SLAB. THURSO. SCOTLAND. 2011.

Impressum

Einbandgestaltung: Hanna Tembrink

ISBN 978-2-9553369-0-8

1. Auflage 2015

Konzeption: Stephan Bernhard
Texte: Melanie Schönthier und Stephan Bernhard
Schlussredaktion: Melanie Schönthier
Layout, Design & Illustrationen: Hanna Tembrink, www.hannatembrink.de
Druck und Bindung: OrtmannTeam

TEAM

Melanie Schönthier & Stephan Bernhard

Gemeinsam leben sie in Capbreton, nur wenige Meter hinter der Düne von La Piste – einer der besten Wellen Frankreichs. Dennoch wissen sie genau, wie sich ein Surfer mitten in Deutschland 1.000 Kilometer vom Ozean entfernt fühlt. Denn etliche Jahre lang war der Münchner Eisbach ihr Homespot. Klar, dass die beiden Journalisten jeden nicht lebensnotwendigen Euro in den nächsten Surftrip investierten und so viel Zeit wie nur möglich auf der Suche nach echten Wellen verbrachten. Doch neue Spots waren leider oft nicht alles, was sie am Ziel erwartete. Da gab es bekiffte Australier, die aus dem Lineup gerettet werden mussten; Polizisten, die ihren Lohn aufbessern wollten; Fische, die sie voll Gift pumpten; und einen tropischen Bakterienstamm, der ihren besten Freund direkt in den Operationssaal beförderte. Meist hätte sich die Misere leicht abwenden lassen, wenn sie nur etwas mehr gewusst hätten. So entstand die Idee für das Surftrip-Überlebenshandbuch. Denn warum soll jeder Surfer nur aus seinen eigenen Fehlern lernen – reicht es nicht, dass sie ein anderer schon gemacht hat? Vier Jahre und einige weitere Surftrips später ist es nun Zeit für die Fortsetzung: Better be ready when the REAL shit goes down! Denn wer will nicht wissen, wie man sich mitten im indonesischen Dschungel wieder selbst zusammenflickt (S. 56), mit welcher Kommunikationsstrategie man auch den aggressivsten Local zum Schweigen bringt (S. 38) oder wo die abgelegensten Surfspots der Welt liegen (S. 142)?

Hanna Tembrink

Redaktionskonferenz im Lineup? Kein Problem für die selbstständige Kommunikationsdesignerin, die nach Zwischenstationen in Lissabon und Hamburg nun an der französischen Atlantikküste lebt. Während der Arbeit an diesem Buch fühlte sie sich so manches Mal an eigene Missgeschicke erinnert: So weiß sie genau, wie es sich anfühlt, wenn das eigene Trommelfell reißt und plötzlich unter Wasser alles Kopf steht (siehe S. 18). Oder wieso es sich lohnt, einen Spot etwas genauer unter die Lupe zu nehmen (S. 46), was ihr die schmerzhafte Begegnung mit einer Steinmole sicher erspart hätte. Ihr Traum-Surftrip: Mit dem eigenen Segelboot ohne Zeitplan und festes Ziel auf Wellensuche gehen – wenn es nur nicht so teuer wäre (siehe S. 110)!

VORWORT

ES IST NIE ZU SPÄT

von Stephan Bernhard

Es sind schon ein paar Jahre vergangen, seitdem sich folgende Szene abspielte: „Das sieht nicht gut aus. Sie werden bettelarm sein", sagte der junge Mann mit dem akkuraten Haarschnitt in seinem grauen Anzug und blickte mir mitfühlend in die Augen. „Aber es ist noch nicht zu spät", fuhr er fort und zog im selben Augenblick einen Rentenversicherungsvertrag aus der Tasche. Der junge Mann malte meine Zukunft in so düsteren Farben aus, dass ich kurz davor war, meinen Namen unter das Formular zu setzen. Doch aus irgendeinem Grund tat ich es nicht. Dann, einen Tag später, stolperte ich beim Zeitunglesen zufällig über ein Zitat von Mark Twain: „In 20 Jahren wirst du vielmehr die Dinge bereuen, die du nicht getan hast, als die, die du getan hast."

Ein Zeichen? Hatte ich meine Zukunft etwa in dem Moment verbaut, als ich die Rentenversicherung ausschlug? Hoffentlich nicht! Aber eigentlich wollte ich auch nicht glauben, dass Twain beim Schreiben dieses Satzes an seine Altersvorsorge dachte. Ich bin mir fast sicher, dass Twain uns aufrütteln wollte, unser sicheres Zuhause zu verlassen und in ein Abenteuer zu starten. Verbringt den Sommer im Bus auf Wellenjagd, anstatt das fünfte Praktikum anzutreten. Sucht euch euren eigenen Spot, anstatt wie die Lemminge den Surfschulen am Strand zum überfülltesten Beachbreak zu folgen. Und kauft euch lieber ein Around-the-World-Ticket, anstatt in einen Rentenvertrag zu investieren. Ich, zum Beispiel, würde jetzt im weißen Kittel durch Krankenhausflure hetzen, wenn ich auf den Ratschlag meines Vaters gehört hätte, etwas Vernünftiges aus meinem Leben zu machen. Doch dann nahm ich den Job als Surflehrer an und alles andere seinen Lauf...

Lest nur auf Seite 122, welche Abenteuer Kepa Acero verpasst hätte, wenn er nie seine baskische Heimat verlassen hätte. Oder auf Seite 74, wie es Jaimal Yogis schaffte, eine der weltweit gemeinsten Wellen zu bezwingen: Mavericks. Jede Reise beginnt eben mit einem kleinen Schritt, also zögert nicht, den ersten zu tun. Natürlich wird „on the Road" auch der eine oder andere Stein im Weg liegen, doch mit diesem Buch im Gepäck wisst ihr wenigstens, wie ihr ihn schnell zur Seite räumt.

Auf ein neues Leben – gleich ab morgen dann...

INHALT

KAPITEL 01

KAPITEL 02

Notfälle meistern

KAPITEL 03

Besser surfen

KAPITEL 04

KAPITEL 05

Alpträume
überleben

Glenn Hall surft besser als du. Wahrscheinlich surft Glenn Hall auch besser als 99 Prozent aller Wellenreiter. Schaffte er es doch 2013, sich für die World Championship Tour zu qualifizieren und damit zu den besten 34 Surfern der Welt zu gehören. Ein Traum, für den der damals 31-Jährige aus New South Wales in Australien lange Jahre gearbeitet hatte und der nur fünf Monate dauerte, bevor er zum Alptraum wurde.

Es passierte in Fidschi, als Glenn im Wettkampf gegen den südafrikanischen Superstar Jordy Smith antrat. Ausgetragen wurde das Duell in Restaurants, einem Spot, der Himmel und Hölle zugleich ist. Denn an der Oberfläche brechen die Wellen mit solch einer Perfektion als endlose Tubes, dass kein Tropfen Wasser am falschen Platz zu sein scheint. Doch unter der Oberfläche lauern erschreckend nah messerscharfe Korallen, denen Boards und menschliche Haut gleichermaßen zum Opfer fallen. Eins zu drei schätzt der Doktor des Tavarua Resorts direkt vor dem Surfspot das Verhältnis zwischen Sieg und Niederlage ein. Das heißt: Auf einen erfolgreichen Tuberitt kommen drei Kontaktaufnahmen mit dem Riff.

In dem Heat gegen Jordy Smith lag Glenn hinten. Ihm blieben noch sieben Minuten, und er brauchte eine verdammt gute Welle. Als sich das nächste Set über dem Riff aufbaute, war sofort klar, dass seine Chance gekommen war. Die Welle hatte das Potential, ihn für endlose Sekunden in der Tube verschwinden zu lassen. Aber Glenn wusste auch, dass er tief saß. So tief, wie nur Kelly Slater oder der Rest der Top 34 ihre Takeoffs wagen und kein normalsterblicher Surfer. Denn in dieser Zone an der Spitze des Riffs ist es so seicht, dass manche Korallenköpfe tatsächlich vor dem Surfer aus dem Wasser auftauchen können. Als die Welle sich aufbaute und ihre Lippe nach vorne warf, saugte sie so viel Wasser vom Riff, dass sich Stufen in dem eben noch glatten Face bildeten. Glenn konnte die Stufen ausgleichen, doch er verlagerte sein Gewicht zu sehr auf das Tail, bremste so ab und raubte sich selbst den Schwung. Nun sah er – statt die Wellenwand entlang zu rasen, während sich die Tube um ihn schloss – den Ausgang der Barrel vor sich in unerreichbare Ferne entschwinden. Einen Sekundenbruchteil später wurde Glenn das Face nach oben gesaugt, bevor es mit der Wellenlippe wieder nach unten ging. Der Aufprall war hart. Glenn schlug direkt auf einem Korallenblock ein, der sich ihm in den Rücken bohrte, während der Sog der Weißwasserwalze versuchte, ihn mitzureißen. Er war im seichten Wasser wie verkeilt und wurde von der Kraft der Welle regelrecht um den Block gebogen – so als wollte Neptun herausfinden, ob Glenn mit seinen Fersen den eigenen Hinterkopf berühren kann. Als die Welle ihn entließ, trieb Glenn kaum bewegungsfähig mit drei gebrochenen Wirbeln im Wasser. Es dauerte Monate, bis er das nächste Mal auf einem Surfboard stand.

Alpträume scheren sich eben nicht darum, ob du Anfänger oder Profi bist, sie suchen jeden heim – sie zu überleben, ist der Trick.

WIPEOUT-FÜHRER

WO GIBT ES DIE BRUTALSTEN WASCHGÄNGE? MARK HEALEY, BIG-WAVE-MANIAC AUS HAWAII MIT DEM RUF, VOLLKOMMEN ANGSTFREI ZU SEIN, WEISS ES GENAU:

PUERTO ESCONDIDO

„Im Mai 2015 bin ich die größte Welle gesurft, die mir je in Puerto Escondido begegnet ist. Manche behaupten auch, dass es die größte Welle war, die je an diesem Strand angepaddelt wurde. An dem Tag herrschte der totale Ausnahmezustand an der Küste Mexikos: Das Weißwasser der riesigen Wellen kam bis in den Ort, Autos schwammen auf den Straßen und die Armee war unterwegs, um Plünderungen zu verhindern. Ich habe auch gar nicht mehr vor Augen, wie sich die Welle vor mir aufbaute. Dafür allerdings, wie ich kurz in der Tube war, erkannte, dass die Welle zumachen würde und vom Board sprang. Der Waschgang war brutal. Es fühlte sich an, als ob ich in zwei Teile gerissen würde, und dann bekam ich noch etwa 12 Wellen auf den Kopf, bevor ich im Sand lag und nach Luft schnappte.

Eine besondere Gefahr in Puerto Escondido, genauso wie an allen Beachbreaks bei großen Wellen, ist der dicke Schaumteppich auf dem Wasser und die viele Luft im Wasser. Durch die ständigen, brutalen Einschläge des Shorebreaks wird das Wasser quasi wie mit einem riesigen Quirl aufgeschäumt. Das Ergebnis ist ein Wasser-Luft-Gemisch, in dem du weder schwimmen noch atmen kannst. Egal, wie hart du auch kämpfst, du schaffst es kaum, für einen Atemzug an die Oberfläche zu kommen.

Eine weitere Gemeinheit von Beachbreaks wie Puerto Escondido ist, dass du nicht einfach an den Strand gespült wirst. Du bekommst den Shorebreak auf den Kopf, wirst unter Wasser gedrückt, tauchst auf, die nächste Welle drückt dich unter Wasser, und so geht das weiter, ohne, dass du dem Strand näher kommst. Im Gegenteil – wenn du Pech hast, gerätst du in eine Strömung, die dich wieder hinaus aufs offene Meer zieht. Oft sehe ich Surfer, die ans Ufer wollen. Sie schwimmen wie verrückt, kommen aber einfach nicht vom Fleck. Das machen die bis zur totalen Erschöpfung. Ihr Fehler: Sie versuchen unter den heranrollenden Wasserwalzen durchzutauchen. Ich mache das Gegenteil. Tauche nicht unter, sondern bleibe an der Oberfläche und lasse mich vom Weißwasser richtig mitreißen, bis ich irgendwann im Sand liege."

TEAHUPOO

„Angst zu ertrinken, musst du nicht haben. Hier ist das Riff dein Gegner – wenn du es triffst, war es ein böser Wipeout. Du weißt auch nie, wann das passiert. Du nimmst eine riesige Welle, stürzt und berührst das Riff überhaupt nicht. Dann surfst du eine kopfhohe Tube und knallst mit voller Wucht aufs Riff. Man kann es nicht vorhersehen. Klar ist allerdings, dass es nach einem Waschgang bei großem Swell nicht leicht ist, den sicheren Channel zu erreichen. Meistens wird man von den Walzen einfach immer weiter auf das Riff gespült. Durch die Strömung landest du schließlich an einer Stelle, an der ein fieser Shorebreak in extrem seichtem Wasser auf scharfen Korallen einschlägt – kein guter Ort."

JAWS

„An diesem Spot auf Hawaii hatte ich wahrscheinlich den gefährlichsten Wipeout meines Lebens. Es war meine erste Tow-In-Session dort, und ich schlug so unglücklich auf, dass in einem Ohr mein Trommelfell riss. Wenn das passiert, hast du keine Orientierung mehr, weißt nicht mehr, wo oben und unten ist, und kommst nur noch mit viel Glück an die Oberfläche. Ich war eigentlich auf der sicheren Seite, weil ich eine dünne Rettungsweste trug, die mich nach oben ziehen würde. Aber der Einschlag der Lippe war so gewaltig, dass es den Reißverschluss der Weste mit einem Schlag auseinander riss. Im nächsten Moment spürte ich, wie mir die Weste von den Schultern gezogen wurde und ich bekam sie gerade noch im letzten Moment mit einer Hand zu fassen. Ich krallte mich daran, als ob mein Leben davon abhängen würde und das tat es ja auch. Denn als die Walze mich entließ, zog es die Weste nach oben, und ich kam trotz des gerissenen Trommelfells an die Oberfläche.

Im Gegensatz zu Beachbreaks brechen Jaws und andere Riffwellen mit viel mehr Kraft. An solchen Spots ist nicht so viel Luft im Wasser und die Wasserkonsistenz viel dichter. Das Ergebnis spürst du sofort: Diese Welle kann dir im Handumdrehen die Schulter auskugeln, einen Knochen brechen oder dich K.O. gehen lassen. Zum Glück wird man bei einem Wipeout weit mitgerissen, bis zu 100 Meter unter Wasser. So kommst du außer Reichweite, bevor die nächste Wellenlippe auf dir detoniert."

WASSEREINBRUCH

WARUM DEINE OHREN DICH TÖTEN KÖNNEN

DER FALL

Es war der 13. November 2013, als Kirk Passmore verschwand. Ein Tag, an dem riesige Wellen an den Riffen Hawaiis brachen – so groß, dass kaum ein Spot an der North Shore noch surfbar war. Eine Ausnahme war Outside Alligators. Dieses Riff, das einen halben Kilometer vom Ufer entfernt liegt, formte den Swell zu cleanen 40 Fuß hohen Wasserwänden. Der Spot des Tages für Big-Wave-Profis wie Tanner und Pat Gudauskas, Damien Hobgood sowie Nathan Fletcher und einige Hardcore-Surfer, die zwar außerhalb Hawaiis niemand kennt, die aber genauso gut surfen. Unter ihnen war auch der damals 32-jährige Kirk Passmore, der sich seinen Traum vom ewigen Surferleben durch Jobs in einer Bar und einen eigenen Surfshop erfüllte. Der Kalifornier hatte sich schon über ein Jahrzehnt der Jagd nach großen Wellen verschrieben und war deshalb auch zwei Jahre zuvor nach Hawaii gezogen. Er brachte eigentlich alles mit, um sich dem mächtigen Swell in Outside Alligators zu stellen. Eigentlich, doch dann rollte ein großes Set heran, Kirk versuchte einen späten Takeoff und stürzte.

Kurz danach machten einige Surfer im Lineup eine seltsame Beobachtung. Sie sahen Kirk nach dem Waschgang so knapp unter der Wasseroberfläche, dass seine Beine sogar ein wenig aus dem Weißwasser ragten. Doch statt aufzutauchen, schien Kirk in die Tiefe abzutauchen, kurz bevor eine weitere

Welle über ihn hereinbrach. Sofort rasten Jetskis in die Impact Zone, doch alles was sie fanden, war Kirks Board mit einem herausgerissenen Leash-Plug. Kirk selbst ist seit diesem Moment verschwunden.

DIE THEORIE

Kirks Trommelfell riss bei dem Wipeout. Deshalb verlor er unter Wasser die Orientierung, wusste nicht mehr, wo oben oder wo unten war und tauchte irrtümlicherweise immer tiefer, anstatt an die Oberfläche zu schwimmen.

DAS SAGT DIE MEDIZIN

Das Trommelfell ist eine hauchdünne Membran von nur 0.1 Millimetern Dicke. Durch einen Schlag auf das Ohr oder einen Sturz mit der Kopfseite direkt auf die Wasseroberfläche kann es leicht reißen. Dringt dann Wasser ein und erreicht das Gleichgewichtsorgan im Innenohr, kann das zu Schwindelgefühlen oder sogar totaler Orientierungslosigkeit führen. Es ist, als würde die ganze Welt um einen herum Karussell fahren.

DAS SAGEN SURFER

Surfpro Mikala Jones, dessen Leben sich auf Tubejagd zwischen Hawaii und Indonesien abspielt, erwischte es in Pipeline. Ein Takeoff ging schief, er flog durch die Luft, klatschte aufs Wasser und hörte in diesem Moment, wie sein Trommelfell riss. Unter Wasser spürte er den Grund unter seinen Füßen, drückte sich ab, durchbrach die Oberfläche und öffnete erst dann wieder seine Augen. Doch nichts schien, wie es sein sollte. Die ganze Welt drehte sich, hielt einfach nicht still, und schon brach das nächste Set über ihm zusammen. Das Chaos in seinem Kopf hielt auch unter Wasser an, aber Mikala bekam seine Leash zu fassen und arbeitete sich daran nach oben. Die Zeit an der Luft reichte aber nur für einen Atemzug, bevor die nächste Welle ihn wieder nach unten drückte. Nochmals suchte er nach der Leash, doch er hatte keinerlei Orientierung mehr und bekam sie einfach nicht in die Hand. Mikala war vielleicht nur 50 Zentimeter tief unter Wasser und dennoch unfähig sich zu retten. Schließlich zeigte sich aber eine Welle gnädig und spülte ihn auf das trockene Riff.

WAS TUN

Taucher können durch Probleme beim Druckausgleich ähnliche Schwindelgefühle erleben. Dann wird geraten, ruhig im Wasser zu verharren und sich möglichst an einem Felsen oder sonstwo festzuhalten. Daher ist nach der eigenen Leash zu suchen und sich daran hochzuziehen für Surfer wahrscheinlich eine ganz gute Idee – wenn man sie zu fassen kriegt, während alles um einen herum buchstäblich auf dem Kopf steht.

ANGSTSTUDIE

ANGST IN IHRER ECHTEN FORM UND WIE GREG LONG SIE BEZWANG

Greg Long war am 21. Dezember 2012 nicht zum ersten Mal in Cortes Bank, diesem Riff 160 Kilometer vor der Küste Kaliforniens, wo sich die Wellen nur brechen, wenn ein wahrlich riesiger Swell durch den Pazifik zieht. Greg zögerte auch keinen Augenblick, als er einen der 40 Fuß hohen Brecher anpaddelte. Warum sollte er auch, zählt der Kalifornier doch schon seit vielen Jahren zu den besten Big-Wave-Surfern – er hatte schon etliche größere Wellen geritten und auch Contests in Hawaii und Mavericks gewonnen. Doch diesmal war alles anders. Die Weißwasserwalze war zu schnell oder Greg zu langsam, auf jeden

Fall wurde er von der brodelnden Gischt umgemäht, in die Tiefe gedrückt und dort lange Sekunden festgehalten. Bislang nichts Ungewöhnliches für Greg, doch dann versuchte er aufzutauchen, und genau in dem Moment, in dem er von der Oberfläche keine Armlänge mehr entfernt war, detonierte die Lippe der nächsten Welle genau über ihm. Wieder ging es abwärts, doch diesmal hatte Greg keinerlei Atemluftreserven mehr in der Lunge. Akute Lebensgefahr!

Eine Situation, die in jedem Menschen dieselbe Reaktion hervorrufen würde: Adrenalin flutet den Körper, der Puls schießt nach oben, wir entwickeln übermenschliche Kräfte und werden gleichzeitig dumm – so steht es in unseren Genen geschrieben. Wissenschaftler kennen das Phänomen, das Menschen angesichts eines Abgrunds vor ihren Füßen keinen klaren Satz mehr herausbringen oder den Ausgang eines Hauses nicht mehr finden lässt, wenn plötzlich ein Brand ausbricht. Kurz umschrieben wird das auch als „perplexer Zustand", der Menschen in Not daran hindert, einen klaren Gedanken zu fassen. In der Steinzeit war das noch hilfreich, als man bei einer Begegnung mit einem Säbelzahntiger nur eine Option hatte: Renn so schnell du kannst und zwar ohne einen Sekundenbruchteil zu verlieren. Weniger nützlich ist diese körperinterne Angstreaktion, wenn du mit brennender Lunge zehn Meter tief im Pazifik treibst.

UNTER WASSER SCHRIE JEDE ZELLE IN GREGS KÖRPER NACH LUFT

Unter Wasser schrie jede Zelle in Gregs Körper nach Luft, sein Zwerchfell zuckte wie wild, seine Hände wurden taub, seine Muskeln krampften, aber er gab dem Atemreiz nicht nach. Jeder andere wäre hektisch geworden, hätte verzweifelt mit den Beinen gestrampelt, dabei die letzten Luftreserven aufgebraucht und am Ende vielleicht sogar Wasser eingeatmet. Nicht so Greg. Obwohl ihn eigentlich die Angst übermannen müsste, blieb er die ganze Zeit über Herr der Lage. Selbst als er die dritte Welle über sich hinwegrollen hörte, arbeitete er sich stur Stück für Stück an seiner Leash nach oben. Sein Trick, um nicht vor Angst zu erstarren, war die richtige Vorbereitung. Denn Greg hatte sich schon etliche Male vorgestellt, wie es wäre, unter Wasser gefangen zu sein und wie er den Atem anhalten würde, obwohl seine Lunge brennt. Kurz: Er hatte einen Notfallplan.

Im Angesicht der Gefahr können wir Menschen zwar kaum mehr logisch planen, wie wir unsere Haut retten, aber wir können sehr gut eine in unserem Kopf einprogrammierte Routine abspulen. Daher der Rat an alle, die sich in Gefahr begeben: Stellt euch vor, was passieren kann und wie ihr darauf reagieren würdet. Denn wenn es erstmal soweit ist, ist es schnell auch schon zu spät.

Am Ende berührte Greg noch sein Board mit den Fingern, bevor er das Bewusstsein verlor. Doch die Jetskifahrer fanden ihn so schnell, dass Greg schon nach einer Nacht im Krankenhaus wieder nach Hause entlassen wurde. Ein Grund dafür war auch, dass er dem Atemreiz widerstehen konnte und kein Wasser eingeatmet hatte.

ANGSTSTUDIE TEIL 2

ANGST IN IHRER EINGEBILDETEN FORM UND WIE GREG LONG IHR DEN SCHRECKEN NAHM

Nicht einmal einen Monat, nachdem Greg Long dem Tod in Cortes Bank noch mal von der Schippe gesprungen war, paddelte er in den Lineup von Mavericks. Aber bei dieser Big-Wave-Session war nichts mehr so wie zuvor. Er war voller Zweifel, dachte an das Leben, den Tod und hatte vor allem die Fähigkeit verloren, ohne Skrupel in die mächtigsten Wände aus Wasser zu paddeln. Greg wünschte sich an einen anderen Ort und war nur noch eine unsichere, an sich zweifelnde Version des Surfers, der er einmal war. Sein Unfall hatte definitiv Spuren hinterlassen.

Kein Wunder, wirkt Angst doch gleich zweifach: Sie verleiht beim Kampf um unser Leben übermenschliche Kräfte und gräbt solch eine Erfahrung so tief in unser Gehirn ein, dass wir sie möglichst nie wieder vergessen. Fallen wir zum Beispiel einmal vom Baum, haben wir das nächste Mal schon Angst, bevor wir hochklettern und lassen es sein. Wieder eine tolle Erfindung, zumindest zur Zeit der Neandertaler. Denn was ist besser, als ständig Rennen gegen Säbelzahntiger zu gewinnen? Eben! Besser die Begegnung gleich von vornherein vermeiden. Heute ist alles komplizierter. Wir steigen zum Spaß auf steile Berggipfel oder surfen Wellen, die ganze Häuser wegreißen könnten. Doch woher soll unser Gehirn das wissen? Dieses Nervenzellengebilde von knapp drei Pfund dient hauptsächlich einem einzigen Zweck: unser Überleben zu sichern. Daher will unser Gehirn auch nicht, dass wir uns wohlfühlen, wenn wir potentiell gefährliche Dinge tun. Vor allem nicht, wenn wir schon einmal schlechte Erfahrungen machen mussten.

Gregs Idee, sich wieder großen Wellen zu stellen, war allerdings gut. Denn das entsprach ziemlich genau der Konfrontationstherapie, dem wohl bekanntesten Ansatz bei der Behandlung von Ängsten oder Phobien. Das Prinzip ist simpel: Wer schon beim Anblick einer Schlange Schweißausbrüche bekommt, dem werden die Reptilien immer wieder gezeigt – so lange, bis das Gehirn erkennt, dass keine akute Gefahr droht und nicht sofort auf Angstmodus umschaltet, wenn eine Schlange ins Blickfeld kommt oder gar über die Schultern gelegt wird. Eine Methode, mit der Psychotherapeuten erstaunliche Erfolge erzielen, aber sie funktioniert auch nicht immer.

So wie bei Greg, der weiter surfte und auch weiter großen Swells hinterherjagte, aber sein altes Selbstbewusstsein einfach nicht wiedererlangen konnte. Im Nachhinein beschrieb der Kalifornier jede Session in Jaws, Puerto Escondido oder Mavericks als „mentalen Kampf". Irgendwann war er davon so frustriert und ausgebrannt, dass er den Ozean nicht mehr sehen wollte und sich in die Anden Perus zurückzog. Dort, mit Abstand zu seinem normalen Leben rund um die Surfszene und die Jagd nach Wellen, akzeptierte er, dass ihn seine Nahtoderfahrung im Pazifik verändert hatte. Greg erkannte aber auch, dass diese neuen Barrieren in seinem Kopf, die ihn davon abhielten sein Bestes zu geben, nur ein Produkt seiner eigenen Gedanken waren.

Sich selbst im Weg zu stehen, ist unter Spitzenathleten ein weit verbreitetes Phänomen. Vor allem bei wichtigen Wettkämpfen kommen dann die Zweifel auf und verhindern, dass die Sportler ihre beste Performance abrufen. Wenn etwa ein Sprinter im Startblock darüber nachdenkt, ob seine Gegner härter als er trainiert haben, macht ihn das nicht schneller, sondern langsamer. Genauso wie einen Abfahrtsläufer, der sich im Starthaus um die Sichtweite auf der Piste sorgt. Aus dem gleichen Grund wird auch Greg Long nicht zum besseren Surfer, wenn er im Lineup ans Ertrinken denkt. Die Lösung, die etliche Sportcoaches ihren Schützlingen in so einem Dilemma anbieten, heißt Meditation. Denn Angst oder Selbstzweifel entstehen erst, wenn sich unsere Gedanken plötzlich darum drehen, was alles passieren könnte. Also all die „Was wäre wenn"-Szenarien, die wie ein Damoklesschwert über unseren Köpfen hängen. Wenn wir uns aber auf das Hier und Jetzt konzentrieren und nur wahrnehmen, was wirklich um uns herum passiert, lassen wir die Angst gar nicht erst aufkommen. Der Trick ist, die Gedanken zu lenken und so die Kontrolle über den eigenen Kopf zu erlangen (wie das geht, erfährst du auf Seite 86).

Auch Greg hat beschlossen, seine Angst im Lineup nicht mehr negativ zu sehen, sondern als neue Herausforderung, an der er arbeiten will.

SCHICKSALSZAHLEN

SCHON VORHER WISSEN, OB EIN SURFTRIP IM DESASTER ENDET

Murphy's Law schlägt zu, wenn es dir am wenigsten passt! Es lässt dein Auto streiken, wenn du dich nachts bei Starkregen irgendwo am Ende der Welt verfahren hast oder es dreht das Wasser ab, wenn du mit Shampoo im Haar unter der Dusche stehst. Wehren kannst du dich nicht, nur ausrechnen, wann Murphy's Law dir das nächste Mal den Tag verdirbt. Ein Beispiel:

DER FALL

Das Wetter war nicht gut Mitte April 2013 in der Mentawai-Straße, diesem schmalen Meeresarm, der die kleine Inselkette mit ihren inzwischen weltberühmten Surfspots von der indonesischen Insel Sumatra trennt. Aber die raue See bereitete niemandem an Bord der Nagu Laut wirklich Sorgen, die wie jedes Surfcharterboot auf dem Weg zu den Mentawais das Gewässer überqueren musste. Doch die unruhige Überfahrt machte seekrank, vor allem Brett Archibald. Dem 50-jährigen Surfer aus Südafrika ging es in seiner Koje so dreckig, dass er um drei Uhr morgens frische Luft schnappen musste. Es half wenig, die Übelkeit bahnte sich ihren Weg, Brett beugte sich über die Reling und... Ja, was passierte dann? Vielleicht war der Südafrikaner so geschwächt, dass er kurz das Bewusstsein verlor, niemand weiß es. Er selbst erinnert sich nur an den Moment, als ihm Wasser ins Gesicht klatschte und das Boot sich Meter um Meter von ihm entfernte. Niemand hatte Bretts Sturz bemerkt, und so trieb er plötzlich in der schwarzen Nacht ohne Rettungsweste mitten im Meer. Dass ein Passagier fehlte, merkte die Crew erst beim Frühstück.

Hat Brett nur Pech gehabt? Oder war nach Murphy's Law von vornherein klar, was passieren würde? Wir rechnen nach!

DIE FORMEL

Vor über zehn Jahren machten Wissenschaftler des englischen Energieunternehmens British Gas Murphy's Law berechenbar. Also die Wahrscheinlichkeit, dass ein Vorhaben – sei es die Mondlandung, ein Vorstellungsgespräch oder ein Surftrip – richtig schief geht. Die mathematische Formel dazu lautet:

$$((U+C+I) \times (10-S))/20 \times 0{,}7 \times 1/(1-\sin(F/10))$$

DIE VARIABLEN

Als erster Schritt muss für die fünf Variablen jeweils ein Wert zwischen eins und neun eingesetzt werden:

U = **Urgency.** Wie dringend ist eine Aktion? Niemand hat Brett zu dem Trip gezwungen, aber was kommt dem Traum jedes Surfers näher als die Mentawais? Also bestand schon ein gewisser innerer Druck. **Wert: 5.**

C = **Complexity.** Wie kompliziert ist das Vorhaben? Ein Boattrip kann als Rundum-Sorglos-Paket betrachtet werden. **Wert: 1.**

I = **Importance.** Wie wichtig ist es, ob ein Projekt zum Erfolg oder Misserfolg wird? Bei der Bootstour ging es weder um Leben und Tod, noch hing irgendetwas anderes von der Tour ab. **Wert: 1.**

S = **Skill.** Die Bewertung der Fähigkeiten der ausführenden Person. Brett konnte surfen, von Booten oder indonesischen Gewässern hatte er aber keine Ahnung. **Wert: 1.**

F = **Frequency.** Wie häufig wird eine Aktion ausgeführt? Die Überfahrt findet auf jedem Surftrip zweimal statt, einmal hin und einmal zurück. **Wert: 2.**

DIE RECHNUNG

((5+1+1) x (10-1))/20 x 0,7 x 1/(1-sin(2/10))

1. Die Variablen einsetzen. Dann die beiden Klammern am Anfang ausrechnen, miteinander multiplizieren und durch 20 teilen.

3,15 x 0,7 x 1/(1-sin(2/10))

2. Die Klammer am Ende ausrechnen, per Taschenrechner den Sinus-Wert davon berechnen und das Ergebnis von 1 abziehen.

3,15 x 0,7 x 1/0,99

3. Zuerst die Division am Ende auflösen und dann alle drei Werte miteinander multiplizieren.

DAS ERGEBNIS

Je näher das Ergebnis bei zehn liegt, desto wahrscheinlicher ist das Eintreten von Murphy's Law. Für Bretts Schicksal ergibt sich ein Ergebnis von 2.2: Die Wahrscheinlichkeit, dass er bei der Überfahrt über Bord geht, war extrem gering. Es war einfach nur verdammt großes Pech. Zum Vergleich: Hätte Brett unbedingt ans Ziel der Überfahrt kommen müssen, vielleicht weil er dort heiratet, dann wäre für die Variable I der Wert 9 eingesetzt worden und das Ergebnis hätte 4.7 geheißen. Murphy's Law schlägt eben gerne zu, wenn es um alles geht.

EPILOG

Am Ende gab es übrigens ein Happy End. Brett wurde von einem anderen Surfboot gefunden, nachdem er 28 Stunden im Wasser getrieben war. Er setzte den Surftrip sogar fort.

SURFLAZARETT

DER DEUTSCHE CHIRURG DANIEL MITTMANN ARBEITETE, WO ANDERE FÜR EINEN RITT IHRE HAUT RISKIEREN: VON 2002 BIS 2008 IM SURFCAMP AUF JAVA DIREKT VOR DEN BERÜCHTIGTEN TUBES VON G-LAND. EIN KLEINER EINBLICK IN SEINEN ALLTAG ALS CAMPARZT:

„Surfarzt klingt cooler, aber eigentlich würde Hausarzt meine Tätigkeit besser umschreiben. Die Leute im Camp haben Durchfall, Kopfschmerzen, Ohren- und Augenentzündungen. Aber es gab auch exotischere Fälle: Ein Surfer kam aus Bali für eine Woche nach G-Land. Leider hatte er sich aber eine Ohrenentzündung eingefangen und von einem Arzt auf Bali den Hinweis bekommen, dass er nicht ins Wasser dürfe. Das kam für ihn aber nicht in Frage, also versuchte er eine andere Lösung: Er stopfte sich SexWax ins Ohr. Leider wurde das Surfwachs so weich, dass selbst ich es nicht mehr aus dem Ohr herausbekam. Wir mussten ihn dann wieder zurück nach Bali schicken.

Es ist auch erstaunlich, auf welche Ideen manch einer kommt, nur um noch ein paar Wellen zu reiten. Ich selbst bin da keine Ausnahme: Einmal bin ich in einen Seeigel getreten und bekam den Stachel einfach nicht aus meiner Fußsohle. Ich konnte zwar nicht laufen, wollte aber surfen. Also nahm ich einen alten Flip-Flop, schnitt ein Loch an der Stelle in die Sohle, wo der Stachel in meinem Fuß steckte und legte diese orthopädische Surfschuheinlage in meinen Booty. So konnte ich wieder surfen. In Deutschland musste der Stachel dann rausoperiert werden.

LEBENDIGE KORALLEN WACHSEN BEI EINEM REEFCUT UNTER DER HAUT WEITER

Die Wellen in G-Land werden auf jeden Fall ihrem Ruf gerecht. Wenn du aufs Riff genagelt wirst, fühlt sich das an, als würdest du von einem D-Zug überrollt. Da muss jeder für sich die Frage beantworten, wie viel Risiko er eingehen will. Die meisten riskieren dann auch recht viel. Typische Folgen sind Reefcuts oder Platzwunden, weil jemand sein Board mit voller Wucht ins Gesicht bekommen hat. Einmal hat sich ein Surfer auf diese Weise seine Oberlippe bis rauf zur Nase gespalten.

Im Gegensatz zu Sri Lanka oder den Malediven, wo die meistens Riffe schon tot sind, ist das Riff in G-Land noch quicklebendig. Ein Problem, denn wenn du lebendige Korallen durch einen Reefcut in die Haut bekommst, dann können sie dort weiterwachsen, und das führt zu schlimmen Entzündungen. Da hilft nur eins: komplett rausschrubben und zwar mit der Wurzelbürste. Einmal hatte ein Surfer nach einer heftigen Reef Inspection etliche Korallensplitter über den gesamten Rücken verteilt. Der bekam dann eine Kurznarkose, bevor ich die Korallen rausschrubbte.

Die größte Gefahr einer Wunde in den Tropen ist, dass sie sich infiziert – vor allem, wenn sie zugenäht wurde. Am ersten Tag nach dem Nähen ist alles noch super, aber am zweiten kommt schon das Fieber, und wenn du Pech hast, kannst du ein Bein verlieren oder sogar daran sterben. Fieber ist immer ein Zeichen dafür, dass die Bakterien schon einen Weg in den Körper gefunden haben. Das kann man zwar bekämpfen, aber dazu bedarf es sofortiger ärztlicher Versorgung, und dabei zählt jede Stunde. Mich um Wunden zu kümmern, war daher auch mein Alltagsgeschäft. Also zusammennähen, aufpassen, dass sich die Wunden nicht entzünden, und falls das nicht klappt, schnell den Transport nach Bali zu organisieren.

Ich selbst musste auch schon einmal versorgt werden und zwar von meiner Frau, die eine Platzwunde an meinem Kopf nähen sollte. Sie ist aber erst einmal in Ohnmacht gefallen, als sie zum ersten Stich ansetzte. Ich hatte dann die Nadel im Kopf stecken, während sie sich kurz in einem Liegestuhl ablegen musste. Laien sind eben manchmal von so einer Situation überfordert. Wer etwas üben will, kann eine Banane nehmen, einschneiden und dann versuchen, den Schnitt wieder zuzunähen. Die Schale entspricht dabei der Haut, die Banane selbst dem Muskel, in den man nicht stechen sollte. Die Stichtechnik ist ganz simpel: an einem Ende rein, am anderen Ende raus und dann beide Fadenenden zusammenknoten."

SEEMONSTER

NICHT NUR HAIE HABEN ALPTRAUMPOTENTIAL FÜR SURFER. UNSERE HITLISTE FÜR ALLE, DIE DAS UNGLÜCK MAGISCH ANZIEHEN – DENN EIN LOTTOGEWINN IST WOHL DEUTLICH WAHRSCHEINLICHER ALS EINE BEGEGNUNG MIT EINER DIESER KREATUREN:

CHIRONEX FLECKERI ODER DIE GIFTIGSTE QUALLE DER WELT

Aussehen: Sehr unscheinbar. Denn dank einem Wasseranteil von über 95 Prozent sind die Quallen nur als milchigweißer, fast transparenter Schatten im Wasser zu erkennen. Dabei wird der glockenförmige Körper groß wie ein Handball und schleppt bis zu 60 Tentakel hinter sich her, die zwar nur fünf Millimeter stark, aber teils drei Meter lang werden.

Angriffsverhalten: Mit dem gemächlichen Tempo von sieben Kilometer pro Stunde verfolgt der Jäger kleine Fischschwärme oder Shrimps. Dabei ist er recht lichtempfindlich, verbringt die grelle Mittagszeit in der Tiefe und kommt erst am Nachmittag nahe an die Wasseroberfläche. Wer die Tentakel berührt, dem wird ein Gift in die Haut geschossen, das unter Forschern als das tödlichste Quallengift der Welt gilt: Es verätzt die Haut, greift Blutzellen an, stürzt den Herzrhythmus ins Chaos und ist extrem unangenehm. Lebensgefährlich wird es, sobald du mit etwa zwei Metern der Tentakel in Kontakt kommst. Das passiert allerdings selten, in den letzten 100 Jahren wurden nur 65 Todesopfer in Australien der Chironex Fleckeri zugeschrieben.

Jagdrevier: Das Wasser muss warm sein. Wie im Norden Australiens, wo die Quallen bis zu den nördlichsten Surfspots in Queensland vordringen. Oder wie auf den Philippinen, vor Vietnam, Thailand und Papua-Neuguinea.

HORNHECHT ODER DER FLIEGENDE SPEER

Aussehen: Von der Form wie ein schlanker Torpedo mit Schuppen, misst der Fisch zwischen einigen Zentimetern, einem Meter und mehr. Unverkennbar macht ihn sein Maul, das wie ein langer Schnabel aussieht und spitz wie ein Bajonett ist.

Angriffsverhalten: Er greift nicht an, sondern verunfallt eher. Denn Hornhechte haben die Angewohnheit, über flache Hindernisse wie kleine Boote lieber hinweg zu springen, als unter ihnen durchzutauchen. Wenn du dann im Weg stehst, fliegt quasi ein lebender Speer aus Muskeln und Knochen mit 60 km/h auf dich zu. Wer in die Flugbahn gerät, kann Glück haben und mit einer Platzwunde davonkommen. Aber auch eine tiefe Stichwunde davontragen, in der noch der abgebrochene Schnabel steckt oder auf dem Operationstisch eines Augenarztes landen, wie ein Surfer, der in Nicaragua zum Opfer wurde. Erwischt hat es schon Windsurfer, Schnorchler, Kiter, Angler oder eben Surfer – einige wurden regelrecht von dem Schnabel durchbohrt und mussten den noch zappelnden Fisch aus ihrem Bein oder Arm ziehen. Treffer ins Herz oder den Hals haben aber auch schon Todesopfer gefordert.

Jagdrevier: Fast überall in den Subtropen und Tropen. Unfälle gab es schon in Florida, Vietnam, Mittelamerika, auf Hawaii, den Seychellen und auch einen einzigen in Portugal.

ROBBE
ODER DER PITBULL AUS DEM MEER

Aussehen: Mit den großen, schwarzen Knopfaugen sieht sie wie ein erwachsen gewordenes Plüschtier aus deiner Kindheit aus.

Angriffsverhalten: Ein Beispiel aus Namibia: Die beiden Surfer waren allein im Wasser und etwa 600 Meter vom Ufer entfernt, als es passierte. Ohne Vorwarnung griff die Robbe an, schnappte nach einem der Surfer, biss ihn in den Kopf, die Arme, die Beine und riss ihm fast ein Ohr ab. Wie ein Kampfhund, der sich in seinem Opfer verbeißt, schien das Tier in einen wahren Blutrausch verfallen zu sein. Erst als der zweite Surfer der Robbe sein Board gegen den Kopf rammte, ließ sie von ihrem Opfer ab, griff stattdessen den neuen Gegner an und hörte erst auf, als sich die beiden ans Ufer gerettet hatten. Die Wetsuits der Surfer bestanden praktisch nur noch aus Fetzen, die ihnen vom Körper hingen, und im Krankenhaus brauchten die Ärzte 100 Stiche, um alle Wunden zu nähen. Warum Robben manchmal Menschen angreifen, ist nicht genau bekannt. Wahrscheinlich fühlen sich die Tiere bedroht, wollen ihre Jungen oder ihr Revier verteidigen.

Jagdrevier: Überall, wo die Wassertemperatur nicht über 20 Grad steigt (mit Ausnahme der Mönchsrobbe, die sich auf Hawaii wohlfühlt). Angriffe auf Surfer gab es neben Namibia schon in Tasmanien, Westaustralien und vor allem in Kalifornien.

BLITZSTRATEGIE

DU GEGEN 100 MILLIONEN VOLT

Manchmal ist es die Ruhe vor dem Sturm, die die besten Wellen bringt. Wenn bei absoluter Windstille die Lines glassy auf dich zulaufen und du weißt, dass jeder Ritt kostbar ist. Denn am Horizont kündigen die tiefschwarzen Wolken schon das Ende der Session an. Irgendwann zuckt dann der erste Blitz aus den Wolken, und jeder fragt sich: Was jetzt? Gleich an Land? Noch auf einen guten Ritt warten? Oder das Gewitter komplett ignorieren? Sehen wir uns die verschiedenen Optionen genauer an:

A: **ICH NEHME DOCH VOR EIN PAAR BLITZEN NICHT REISSAUS!**

Ein Blitz mag zwar nur zwei bis drei Zentimeter breit sein, wenn er auf die Erde niederfährt, er hat aber mehr Zerstörungspotential, als du dir vorstellen kannst. Denn in einem durchschnittlichen Blitz stecken bis zu 100 Millionen Volt und Temperaturen von über 27.000 Grad – das ist fünfmal heißer als die Oberfläche der Sonne. Eine wahre Höllenkraft und die zielt genau auf deinen Kopf, wenn du im Lineup sitzt, wie deutsche Wissenschaftler 2009 zweifelsfrei bewiesen haben. Dazu wurde im Hochspannungslabor der Universität Duisburg zum ersten Mal überhaupt ein Blitzschlag in einem Swimmingpool simuliert. War der Pool menschenleer, schlug der Blitz irgendwo im Wasser ein – mal in der Mitte und mal am Rand. Sobald aber ein Dummy im Wasser stand, kannte der Blitz nur ein Ziel: den Kopf der Schaufensterpuppe, ganz egal, wo sie sich im Pool befand. Hohe Objekte ziehen Blitze eben magisch an, und du auf deinem Surfboard überragst so ziemlich alles im offenen Meer.

B: **ICH SURFE WEITER, BIS DAS GEWITTER FAST ÜBER MIR IST UND DANN NICHTS WIE RAUS AUS DEM WASSER.**

Hört sich gut an. Schließlich ist es kinderleicht, die exakte Entfernung eines Gewitters zu bestimmen: Sobald der Blitz niedergeht, einfach die Sekunden zählen, bis du den Donner hörst. Dann die Sekunden mit 340 multiplizieren (so viele Meter legt der Schall des Donners pro Sekunde zurück) und schon weißt du, wie weit entfernt der Blitz einschlug. Die Frage ist nur, wie nah darf ein Gewitter kommen, ohne mir gefährlich zu werden: fünf Kilometer oder nur 500 Meter? Tatsache ist, dass es keine Antwort darauf gibt. Oft wird geraten, sich in Sicherheit zu bringen, sobald nur noch zehn Sekunden zwischen Blitz und Donner liegen. Es gab aber auch schon Menschen, die vom Blitz getroffen wurden, obwohl es gar keine Anzeichen eines Gewitters gab. Die Amerikaner nennen dieses Phänomen „Bolts from the Blue" und meinen damit Blitze, die erst kilometerweit durch die Atmosphäre rasen, bevor sie einschlagen. So wurden schon Blitzeinschläge registriert, die in 40 Kilometern Entfernung vom eigentlichen Gewitter passierten.

C: **ICH PADDLE UM MEIN LEBEN UND SETZE MICH IN MEIN AUTO, DENN WENN EIN BLITZ IM WASSER EINSCHLÄGT, ÜBERTRÄGT SICH DER STROMSCHLAG ÜBER WEITE STRECKEN!**

So verpasst du zwar ein paar Wellen, bist dafür aber auf der sicheren Seite. Denn Wasser leitet den Strom nach einem Blitzeinschlag natürlich weiter – nur wie weit, ist die Frage. Bei dem Versuch von 2009 im Duisburger Hochspannungslabor wurden in dem 30.000 Liter fassenden Becken (entspricht etwa 200 Badewannen) noch in den letzen Ecken Stromstärken gemessen, die kein Mensch unbeschadet überstanden hätte. Nicht zu vergessen, dass der simulierte Laborblitz mit nur zwei Millionen Volt im Vergleich zu einem echten Blitz extrem schwach auf der Brust war. Wie nah allerdings ein Blitzeinschlag sein muss, um dich vom Board zu holen, weiß niemand – sicher reicht der Stromschlag aber nicht hunderte Meter weit, sagen Forscher der amerikanischen Unwetterbehörde. Der Grund: Es gibt keine Meldungen über tote Fische, die nach einem Blitzeinschlag im Meer treiben. Daher muss die Stromstärke im Wasser schnell abnehmen.

Fazit: Gewitter bleiben unberechenbar. Ziemlich sicher ist aber, wer sich an die 30/30-Regel der australischen Rettungsschwimmer hält: Sobald nur noch 30 Sekunden zwischen einem Blitz und dem darauffolgenden Donner vergehen, heißt es, weg vom Strand und Schutz suchen. Nach Durchzug des Gewitters geht es erst wieder zurück an den Strand, wenn 30 Minuten seit dem letzen Blitz oder Donner vergangen sind.

FREAKSHOW

DU GEGEN HUEYS GEBALLTE KRAFT

„Es war 1998 zwei Tage nach dem Big Wave Contest in Todos Santos, den Taylor Knox mit einem Ritt auf einer 52-Fuß-Welle gewonnen hatte, als ich an diesem Spot im Lineup saß," beginnt der kalifornische Big-Wave-Veteran Gary Linden eine Anekdote, die ihn sein Leben hätte kosten können. „Der Swell war seit dem Contest nicht kleiner geworden und ich wartete auf meinen ersten Ritt, als sich diese Monsterwelle am Horizont aufbaute. Das Face war sicher 60 Fuß hoch, auf jeden Fall aber größer als alles, was ich je mit meinen eigenen Augen zu sehen bekommen hatte. Reflexartig begann ich auf diese Wand aus Wasser zuzupaddeln, als mir klar wurde, dass ich es vielleicht nicht rechtzeitig über den Kamm der Welle schaffen würde." Was sollte Gary also tun? Stoisch abwarten, was passiert? Seine Leash öffnen und so tief tauchen, wie es nur geht? Oder versuchen, noch über die brechende Lippe zu kommen?

Was passiert, wenn man gar nichts tut, verrät ein Augenzeugenbericht aus Marokko: An einem Tag mit sanften, schulterhohen Wellen wollte die Freundin eines Surfers selbst ins Wasser. Sie konnte kaum surfen, ihr Freund zog sie sogar auf einem Longboard in den Lineup, ohne dass sie selbst auch nur einen Paddelzug tat. Dort saß sie eine Weile und schaute den anderen zu, bis sich das Freakset des Tages vor ihr aufbaute. Ihre Reaktion: Sie schrie, umklammerte die Rails ihres Boards und zeigte keinerlei andere Reaktion, bis die kopfhohe Weißwasserwalze sie aufrecht sitzend verschlang und ihr Kreischen verstummte...

DER ALPTRAUM: MIT DER BRECHENDEN LIPPE OVER THE FALLS ZU GEHEN

Wäre Gary Linden 1998 genauso vor Schreck erstarrt, wäre es ihm schlechter ergangen. Der Mensch ist einfach nicht dafür gemacht, sich Weißwasserwalzen von der Größe eines Hauses entgegenzustellen. Ein Beispiel: Stellen wir uns eine zehn Meter hohe Welle vor, die ihre Lippe auf einer Länge von 20 Metern nach vorne wirft, so rollen in diesem Moment circa 410 Tonnen Wasser auf dich zu oder umgerechnet die Masse von mehr als 300 Kleinwagen. „Wenn du siehst, dass du es nicht mehr über eine heranrollende Welle schaffst, ist es manchmal tatsächlich sogar besser, mit dem Paddeln aufzuhören, abzuwarten, bis die Welle vor dir bricht, und dann im letzten Moment vor dem Weißwasser abzutauchen", meint Gary. „Denn mit jedem Meter, den die Gischtwalze heranrollt, verliert sie an Kraft und lässt deinen Waschgang so etwas angenehmer ausfallen."

Eine Methode, der sich auch der Schauspieler Gerard Butler an einem kalten Dezembermorgen in Kalifornien bediente. Ein 12-Fuß-Swell erweckte den Spot Mavericks zum Leben, und ein Dutzend Surfer paddelte in die doppelt bis dreifach über Kopf hohen Wellenwände. Etwas abseits saß Butler, der in seinem Leben kaum eine Handvoll Wellen geritten hatte. Er war allerdings auch nicht zum Vergnügen in Mavericks, sondern für Dreharbeiten für den gleichnamigen Hollywood-Film. Butler sollte an diesem Morgen keine Welle reiten, sondern nur beim Paddeln gefilmt werden. Doch dann tauchte ein Freakset auf und überrollte den gesamten Lineup. Butler erkannte, dass keine Chance auf Flucht bestand, verharrte und tauchte im Augenblick des Aufpralls ab. „Es fühlte sich an, als wäre ein Auto in mich hineingerast", erzählt Butler. Der Waschgang zog ihn so tief hinab, dass die Welt um ihn pechschwarz wurde. Irgendwann riss seine Leash, dann rollte eine zweite Welle über ihn hinweg und ließ ihn die seiner Meinung nach „einsamsten und zugleich erschreckendsten Sekunden" seines Lebens durchmachen. Aber Butler überstand die Tortur, vielleicht auch, weil er sich an die goldene Regel von Big-Wave-Hellman Greg Long hielt: Keine Panik! Denn wer gegen den Ozean kämpft, vergeudet Sauerstoff.

Eleganter ist es natürlich, über den Wellenkamm zu paddeln und gar nicht erst gewaschen zu werden. „Wenn du dich dabei allerdings verschätzt, wird es hart", warnt Gary Linden. „Es gibt keinen schlimmeren Albtraum, als mit der brechenden Lippe rückwärts over the Falls zu gehen. Dann brauchst du eine Menge Luft und das, nachdem du gerade um dein Leben gepaddelt und völlig ausgepumpt bist." Dieses Risikos war sich Gary auch vollkommen bewusst, als er auf das Freakset so schnell zupaddelte, wie er nur konnte. „Genau in dem Moment, als die Welle zu brechen begann, stieß ich mein Board durch die Lippe und war auf dem Rücken der Welle. Wer weiß, ob ich heute noch hier wäre, wenn ich nur ein paar Armzüge langsamer gewesen wäre."

GRENZERFAHRUNGEN

WIE LANGE HÄLTST DU DURCH, WENN PASSIERT, WAS NICHT PASSIEREN DARF?

HUNGER

Situation: Plötzlich starb der Motor ab und sprang auch nicht mehr an – ziemlich genau mitten im Nirgendwo auf einer einsamen Sandpiste. Die letzten Hinweise auf eine menschliche Siedlung habt ihr vor Stunden hinter euch gelassen, und laut Karte liegen weitere 100 Kilometer Ödnis vor euch. Wasserflaschen liegen noch einige im Kofferraum, aber die letzte Packung Schokoriegel diente schon vor Stunden als Frühstück. Egal, sicher kommt gleich ein anderes Auto vorbei. Doch was, wenn nicht?

Zeitplan: Circa sechs Stunden nach dem letzten Snack dürfte der Körper alle Nährstoffe aufgenommen haben. Dann werden zunächst die Kohlenhydratspeicher in Leber, Niere und Muskeln verbraucht, die weitere 24 Stunden ausreichen. Als nächstes werden die Fettreserven verarbeitet, wobei ein Kilogramm etwa 7.000 Kilokalorien liefert, und danach schließlich Proteine aus den heiligen Reserven gewonnen: den eigenen Muskeln. Bis alles verwertbare Material aufgebraucht ist, vergehen Wochen.

Rekord: Es gibt etliche Berichte von verschollenen Abenteurern, die einen Monat oder länger ohne Nahrung überlebten. Der Hungerstreik von Bobby Sands, einem ehemaligen Mitglied der IRA, dauerte sogar 66 Tage, bis Sands schließlich verhungert war.

Hilfe: Siehe Seite 52 – denn die Welt bietet mehr Nahrung, als du denkst.

DURST

Situation: „No Problem", lachte der indonesische Skipper nur, als sich die dunklen Wolken immer mächtiger vor dem Bug seines Bootes auftürmten. Kurze Zeit später lachte er nicht mehr, als die ersten Wellen über die Reling peitschten. Jetzt, etwa 12 Stunden später, scheint wieder die Sonne vom blauen Himmel auf dich, den Skipper und die winzige Rettungsinsel, in die ihr euch retten konntet, herab. Ein Schluck Wasser wäre schön, aber Trinkwasser habt ihr nicht, nicht einen Tropfen.

Zeitplan: Der menschliche Körper benötigt mindestens einen Liter Wasser pro Tag. Bekommt er den nicht, beginnt er auszutrocknen. Fünf Prozent Wasserverlust bewirken Kopfschmerzen und Müdigkeit. Ab zehn Prozent kommt es zum Torkeln und zu Sprachstörungen, bevor der Mensch bei 15 bis 20 Prozent Wasserverlust verdurstet. Je nach Temperatur kann das schon nach 48 Stunden oder erst nach zehn Tagen eintreten.

Rekord: Im Guinness Buch der Rekorde steht Andreas Mihavecz, der 1979 als 18-Jähriger von der österreichischen Polizei festgenommen und 18 Tage in seiner Zelle vergessen wurde. An Flüssigkeit gab es nur Kondenswasser, das er von den Wänden leckte.

Hilfe: Siehe Seite 54 – denn nicht nur Süßwasser löscht den Durst.

ATEMNOT

Situation: Der Wipeout war heftig und der Waschgang lang. Einen kurzen Augenblick hattest du dich schon gefreut, dass du gerade noch durch das riesige Wellenface tauchen konntest. Doch dann spürtest du den Sog, als dich die Welle doch noch packte und rückwärts over the Falls zog. Jetzt willst du nur eines: Luft! Die Oberfläche ist nah, doch da detoniert die nächste Wellenlippe direkt über dir und drückt dich wieder in die Tiefe.

Zeitplan: Das Lungenvolumen eines Menschen liegt bei etwa sechs Litern. Mit dem letzten Atemzug konntest du vielleicht dreieinhalb bis viereinhalb Liter frische Luft einatmen. Doch jetzt musst du die Luft anhalten und der Sauerstoff in deinen Lungen wird langsam, aber unaufhaltsam verbraucht. Sobald der Körper erkennt, dass die Konzentration von Kohlendioxid, dem Abfallprodukt der Atmung, im Blut steigt, meldet er Atemnot. Das Gefühl keine Luft mehr zu haben, wird immer stärker, während du verzweifelt versuchst, den Atemreiz zu unterdrücken. 90 Sekunden kann fast jeder Mensch die Luft anhalten. Dann führt der Sauerstoffmangel zu Bewusstlosigkeit oder der Körper gibt dem Atemreiz nach und macht auch unter Wasser ein, zwei tiefe Atemzüge.

Rekord: 11 Minuten 35 Sekunden hielt es der französische Apnoetaucher Stéphane Mifsud 2009 mit dem Kopf unter Wasser beim Zeittauchen aus. Natürlich mit minutenlangen Atemübungen als Vorbereitung und in absoluter Ruhelage ohne jegliche Bewegung.

Hilfe: Siehe Seite 72 – denn Luftanhalten will gelernt sein.

ÜBERLEBENSKUNST

HABEN MENSCHEN SUPERKRÄFTE? UND WENN JA, WIE KOMMEN WIR DA NUR RAN?

DER FALL

Man kann es Leichtsinn nennen, ganz alleine aufs Meer hinaus zu segeln, weder eine Schwimmweste zu tragen, noch eine Leiter über Bord hängen zu lassen und einfach davon auszugehen, dass man nicht ins Wasser fällt. Man kann auch sagen, dass jemand, der seit Jahrzehnten segelt, gar nicht auf die Idee kommt, einfach über Bord zu fallen, weil es noch nie passiert ist. Einmal ist eben immer das erste Mal, wie der französische Segler Jean Damitio mit 52 Jahren erfahren musste.

Es war das letzte Wochenende im Juni 2013, als er mit seinem Segelboot gegen 18 Uhr aus dem Hafen Capbretons an der französischen Küste hinausfuhr. Der Atlantik war ruhig, fast spiegelglatt, und Jean kann sich bis heute nicht erklären, was passierte. Er wollte sein Segel einholen und lag plötzlich im Wasser – das ist alles, was er zu seinem Missgeschick sagen kann. Leider kam er nur nicht mehr an Bord. Seine Finger rutschten von der Bordwand ab, und er musste hilflos zusehen, wie sein Boot immer weiter von ihm wegtrieb. Da schwamm er nun in T-Shirt und Badehose mutterseelenallein im Ozean und soweit vom Ufer entfernt, dass er es nicht einmal mehr erkennen konnte. Was sollte er tun? Einfach abwarten? Aber in diesem Jahr war das Wasser des Atlantiks noch ungewöhnlich kalt, und Jean fror schon jetzt erbärmlich. Also schwamm er einfach los und hörte nicht mehr auf.

Er schwamm noch, als sein Boot gegen 22 Uhr am Strand von Capbreton angespült wurde. Er schwamm noch, als wenig später die Nacht hereinbrach, und er schwamm auch noch, als die Sonne kurz nach sechs Uhr wieder aufging. Jean schwamm, bis er gegen 10.30 Uhr am Strand ankam und dort vor Erschöpfung zusammenbrach.

DIE FRAGE

Wie kann ein normaler Mensch, kein trainierter Profisportler, 15 Stunden ohne Pause im kalten Atlantik schwimmen?

DIE ANTWORT

Wir alle sind Hulk. Oder zumindest können wir Hulk sein, wenn es ums nackte Überleben geht. Wie sonst könnte man den folgenden, bezeugten Vorfall erklären: 2006 wurde Tom Boyle in Tucson, Arizona, Zeuge eines Autounfalls, bei dem ein 18-Jähriger unter einem Chevrolet Camaro eingeklemmt wurde. Um ihn zu retten, hob Boyle das Auto, einen Wagen mit einem Gewicht von 1.500 Kilogramm, so weit vom Boden an, dass das Unfallopfer herausgezogen werden konnte.

In der Wissenschaft ist dieses Phänomen der plötzlichen Superkräfte genauso bekannt wie umstritten. Man weiß, dass in Extremsituationen der Puls nach oben schießt, Blut in die Muskeln gepumpt wird und Adrenalin den Körper durchflutet. Faktoren, die uns enorme Kräfte verleihen, warum aber manchmal Menschen leisten, was sonst nur in Comics möglich erscheint, weiß niemand. Im Fall des Seglers Jean Damitio würde diese Antwort auch nicht weiterhelfen, denn die Superkräfte verschwinden nach wenigen Augenblicken wieder.

Wer 15 Stunden im Atlantik schwimmt, braucht etwas anderes. Hoffnung zum einen. Bei Jean Damitio waren es die Gedanken an seine Kinder, die ihm Hoffnung gaben und verhinderten, dass er sich selbst aufgab. Und auch die drei Surfer, denen in einem winzigen Einbaum mitten im Ozean vor Sumatra der Sprit ausging und die anschließend fast zwei Tage um ihr Überleben paddelten (siehe S. 40), dachten nur daran, ihre Familien und Freunde wiederzusehen. Aber Psychologen kennen noch eine weitere Zutat für einen erfolgreichen Überlebenskampf: starker Wille oder auch Fokussierung. Oft funktioniert das durch die Technik, sich kleine Ziele zu setzen, um nicht von der auswegslosen Lage überfordert zu werden. Wie ein Marathonläufer, der nicht daran denkt, wie unendlich weit es noch bis zur Ziellinie ist, sondern sich im Kopf immer nur den nächsten Kilometer als Ziel setzt. So machte es auch Brett Archibald, der Südafrikaner, der 2013 auf dem Weg zu den Mentawais über Bord eines Surfcharterboots ging (siehe S. 24). Obwohl hungrige Möwen versuchten, ihm die Augen auszupicken und Haie ihn umkreisten, verfiel er nicht in Panik, sondern setzte sich einen strengen Zeitplan: fünf Minuten Wassertreten und fünf Minuten schwimmen – so hielt er sich insgesamt 28 Stunden über Wasser, bis er schließlich gerettet wurde.

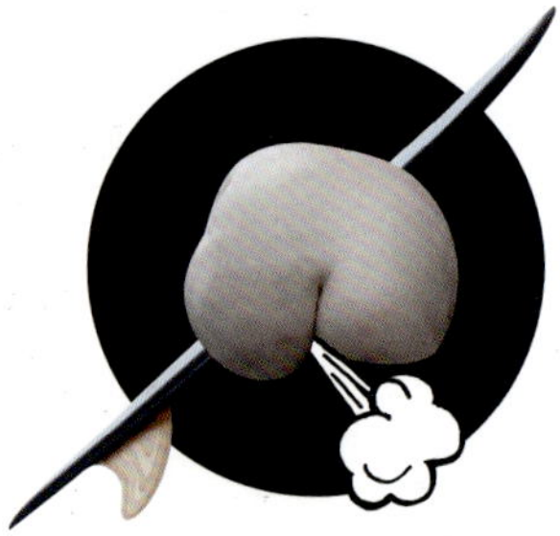

ARSCHLOCHABWEHR

ARSCHLOCH-SURFER ERKENNEN UND SELBST KEINER WERDEN

Aggressive Locals, die für dich nichts als Verachtung übrig haben, unverschämte Groms, die noch nie von Surf-Etikette gehört haben oder Standup-Paddler, die wie selbstverständlich jede Welle nehmen – allesamt Kreaturen, die der kalifornische Surfer und Philosophieprofessor Aaron James nur als Arschloch-Surfer bezeichnet. Wohl aus gutem Grund, schließlich ist James so etwas wie ein Arschloch-Fachmann, nachdem er das Buch „Assholes: A Theory" über diesen Typ Mensch geschrieben hat.

WIE ERKENNE ICH EINEN ECHTEN ARSCHLOCH-SURFER?

„Du musst auf die feinen Unterschiede achten. Es gibt Idioten und es gibt Arschlöcher. Idioten sind einfach nur unfreundlich oder aggressiv, aber ein Arschloch denkt, er hat aus einem bestimmten Grund mehr Anspruch auf alle Wellen als du. Etwa ein Arschloch-Pro, weil er besser surft, ein Local-Arschloch, weil er am Strand wohnt, oder ein Soul-Arschloch, weil er ein paar Jahre älter ist. Im Verhalten sind sich aber alle ähnlich: Sie nehmen jede Welle, die sie haben möchten, droppen dir rein und brüllen dich auch noch an, wenn du dich beschwerst. Diese Art von Arschlöchern gibt es natürlich nicht nur im Wasser. An Land drängeln sie sich an der Supermarktschlange vor, stellen ihr Auto auf einem Behindertenparkplatz ab oder rasen auf dem Standstreifen am Stau vorbei. Persönlich am Schlimmsten fand ich aber Local-Teenager-Arschlöcher, die ich auf meinen Reisen getroffen habe. Die benehmen sich zwar genauso wie ihre erwachsenen Gegenstücke, nur haben sie zusätzlich auch noch diese jugendlichen Energiereserven – quasi Arschloch-Surfer mit Turbolader. Ich kann nur raten, die zu vermeiden."

WIE SIEHT DER TYPISCHE LEBENSRAUM EINES ARSCHLOCH-SURFERS AUS?

„Sie mögen vor allem Spots, an denen meist nur eine überschaubare Anzahl von Locals im Wasser ist und nur wenige fremde oder reisende Surfer. Der Grund: Arschloch-Surfer fühlen sich oft bedrängt, so als würde man versuchen, ihnen etwas Wertvolles wegzunehmen, das sie beschützen wollen. Ist ein Spot erst einmal mit Surfern überschwemmt, ist das Gefühl, ihn beschützen zu müssen, nicht mehr so stark. Daher ist die Spezies an Orten wie Südkalifornien, wo alle Breaks total überlaufen sind, eher selten. Aber auch die Kultur spielt eine Rolle. So ist es in Ländern mit einer aggressiven Macho-Kultur viel wahrscheinlicher, im Lineup auf ein Arschloch zu treffen."

WIE SIEHT DIE BESTE KOMMUNIKATIONSSTRATEGIE MIT EINEM ARSCHLOCH-SURFER AUS?

„Ein echtes Arschloch zeichnet sich dadurch aus, dir weder zuzuhören noch sein Verhalten zu ändern, egal, was du sagst oder tust. Das zu akzeptieren hilft dir, mit der Arschloch-Spezies umzugehen, ohne selbst wütend zu werden. Um dein Recht auf eine angemessene Behandlung im Lineup durchzusetzen, musst du andere Wege finden. Mit dem Prinzip des Schweigens, wie ich es nenne, gehst du einer Konfrontation aus dem Weg, ohne dabei den Respekt vor dir selbst zu verlieren: Dabei weigerst du dich einfach, den Typen wahrzunehmen und machst dadurch klar, dass er das Recht verloren hat, mit dir zu sprechen. Ich habe das schon oft ausprobiert, und die meisten Arschlöcher wissen nicht, wie sie damit umgehen sollen. Sie sind einfach nur verblüfft. Eine andere Möglichkeit wäre, den anderen Surfer zu fragen, was ihn ärgert. Höre einfach zu und sage kein Wort, bis er fertig ist. Dann schweigst du längere Zeit und sagst schließlich: „Okay, ich hab's verstanden" und machst so weiter wie zuvor. Im Idealfall hält sich der Typ anschließend etwas zurück, oder er schreit noch ein bisschen herum und paddelt dann weg. Eine der schlimmsten Begegnungen hatte ich mit einem aggressiven Local an einem Spot mit einer winzigen Takeoff-Zone. Als er mich anbrüllte, sagte ich ganz ruhig: „Wenn du mit mir sprechen möchtest, musst du höflicher sein." Nachdem ich eine Welle gesurft hatte, beruhigte er sich wie von Geisterhand. Ich war stolz, dass ich mich von ihm nicht provozieren ließ, meinen Nachmittag hatte er trotzdem ruiniert."

WIE VERHINDERE ICH, DASS ICH SELBST EIN ARSCHLOCH-SURFER WERDE?

„Wir haben alle ein inneres Arschloch in uns, und als Surfer findest du immer eine Entschuldigung dafür, wieso diese eine Welle deine sein sollte. Gib dieser dunklen Verlockung nicht nach, bleib cool und sei kein Arschloch. Denn Nicht-Arschlöcher wissen: ‚Im Grunde wollen wir alle doch nur eine gute Zeit haben!'"

Notfälle
meistern

Es gab nur ein Messer an Bord. Das unter Kontrolle zu haben, erschien einem der drei Surfer als gute Idee. Also versteckte er es in seinem Rucksack, der zwischen seinen Beinen in dem engen Einbaum lag. Das Boot war so schmal, dass alle fünf – die drei Surfer aus Deutschland, der indonesische Kapitän und sein Gehilfe – nur hintereinander Platz fanden und Boards, Wasser, Rucksäcke sowie Proviant zwischen sich stapeln mussten. Eigentlich kein Problem, sollte die 40 Kilometer lange Überfahrt zwischen zwei Mentawai-Inseln doch nur wenige Stunden dauern. Das Angebot hatte auch zu verlockend geklungen: Statt 80 Dollar pro Person für das Speedboot auszugeben, einfach für den gleichen Preis ein ganzes Boot samt Kapitän anheuern, um auf die nächste Insel überzusetzen. Normalerweise liegen die beiden Inseln sogar in Sichtweite, aber am Tag der Abreise hingen dunkle Wolken am Himmel, und das Ziel war am Horizont nicht auszumachen. „No problem“, meinte der Kapitän. „I have it all in my mind“. Drei Stunden später, als der Außenbordmotor zu stottern begann, war noch immer kein Land in Sicht und kein Tropfen Sprit mehr im Tank.

Was nun? Plan 1: Die Küstenwache rufen! Aber ihre Smartphones fanden kein Netz. Erstaunlicherweise konnten sie über ein GPS-Signal ihre Position bestimmen und sahen auf dem Bildschirm genau, wo sie sich befanden: mitten im Nirgendwo. Ihr Boot war in einem weiten Bogen vom Kurs abgekommen und immer weiter in die Mentawai-Straße zwischen Sumatra und den Mentawai-Inseln vorgedrungen. Das nächste rettende Ufer war 40 Kilometer entfernt. Plan 2: Aus einer Plane ein Segel bauen und sich vom Wind an die Küste treiben lassen. Leider bewegte sich das Boot wegen der starken Strömung kaum vorwärts. Dann wurde es Nacht, und sie beschlossen, jeden Tropfen Urin zu sammeln. Nur für den Fall – wer wusste schon, wie lange die Odyssee noch dauern und der Vorrat von sechs Litern Wasser reichen würde. Das war auch der Moment, in dem einer der Freunde das Messer an sich nahm, damit es nicht in falsche Hände geriet. Menschen, die um ihr Leben kämpfen, können schließlich zu allem fähig sein...

Plan 3 wurde spontan umgesetzt: In der Dunkelheit waren die Lichter eines Schiffes am Horizont zu erkennen. Sie schrien, gaben mit ihren Stirnlampen SOS-Zeichen und zündeten sogar ein Surfboard als Fackel an. Doch niemand an Bord bemerkte ihre Not. Plan 4 folgte am nächsten Morgen: Zwei Surfboards der Länge nach zersägen und als Ruder verwenden. Sie paddelten bis zum Umfallen. Alle 30 Minuten überprüften sie per GPS ihre Position und sahen das Ufer tatsächlich näher kommen. Sie erreichten ihre Grenzen, litten unter Muskelkrämpfen und hatten irgendwann kaum mehr die Kraft, ihre Paddel ins Wasser zu tauchen. Doch sie gaben nicht auf, auch nicht als die Sonne wieder unterging. Gegen neun Uhr abends dann die Erleichterung: Fester Boden unter den Füßen und zwar genau die Insel, von der aus sie 33 Stunden zuvor gestartet waren.

Notfälle können dich überall erwischen – sie zu meistern, ist die Kunst.

LEBENSRETTER

ES GIBT MOMENTE IM LEBEN, IN DENEN DU ALLES FÜR EIN BISSCHEN LICHT, EINEN SCHLUCK WASSER, EIN WENIG WÄRME ODER EIN FUNKTIONIERENDES HANDY GEBEN WÜRDEST. CIRCA 500 GRAMM ZUSÄTZLICHES GEPÄCK KÖNNEN DIR ALL DIESE WÜNSCHE ERFÜLLEN...

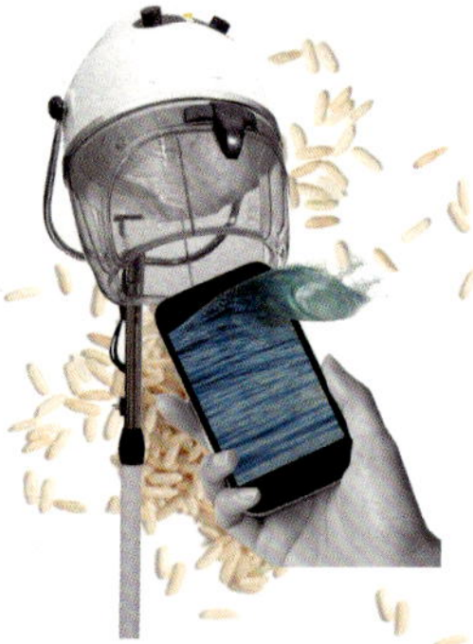

REIS = TROCKNER

Akku sofort aus dem ins Wasser gefallenen Handy oder der Digitalkamera entfernen, das Gerät in eine Tüte weißen Reis stecken und eine Nacht abwarten, damit die Körner sämtliche Feuchtigkeit aufsaugen. Dann Akku wieder einsetzen und hoffen, dass das Display aufleuchtet. Funktioniert nicht immer, ist aber zumindest eine letzte Chance. Auf keinen Fall versuchen, das Handy oder die Kamera einzuschalten, bevor du das Gerät getrocknet hast. Das könnte einen finalen Kurzschluss zur Folge haben.

PLASTIKFLASCHE = TRINKWASSER

Den Boden einer durchsichtigen Plastikflasche abschneiden und den Rand einige Zentimeter hoch nach innen umfalten. Die Flasche zugeschraubt und mit dem Deckel nach oben in eine Schlamm- oder Salzwasserpfütze stellen. Abwarten, bis die Kraft der Sonne das Wasser in dem Minitreibhaus verdampfen lässt, sich Tropfen an der Innenseite der Flasche bilden und sich in dem umgefalteten Rand sammeln. Flasche aufschrauben, Durst löschen. Funktioniert aber nur bei Sonnenschein. Statt die Flasche direkt in eine Wasserlache zu stellen, kannst du sie auch über einer Tasse oder einer Getränkedose mit herausgeschnittenem Deckel platzieren.

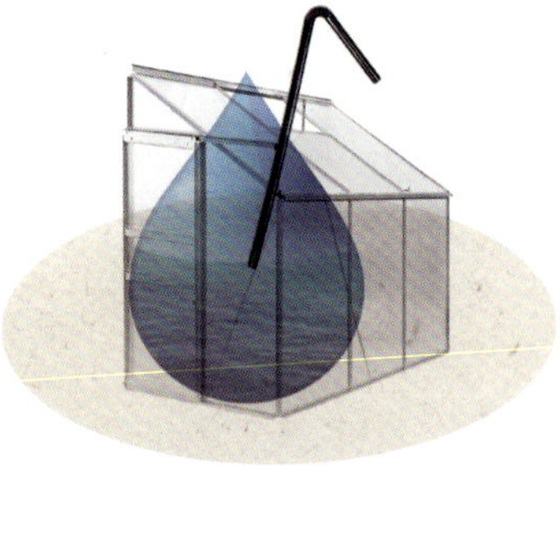

KAUGUMMI + BATTERIE = FEUERZEUG

Kaugummi auswickeln, das Silberpapier einmal der Länge nach falten und in der Mitte etwa zwei Drittel des Papiers wegreißen. Es darf in der Mitte nur noch eine dünne Verbindung zurückbleiben, so dass das Papier wieder auseinandergefaltet der Form einer Sanduhr entspricht. Diese dünne Verbindung ist das Geheimnis des Tricks. Dann eine normale Haushaltsbatterie (Größe: AA) kurzschließen, indem du die Silberfolie auf beide Enden drückst und so Plus- und Minuspol miteinander verbindest. Der Strom reicht aus, das Silberpapier zu entzünden und gibt dir die Chance, damit eine Kerze oder ein Lagerfeuer anzuzünden. Das Papier brennt allerdings nur einen kurzen Moment, und der Trick funktioniert nur mit den klassischen Kaugummipapieren aus Silberfolie, nicht mit den neuen aus reinem Papier.

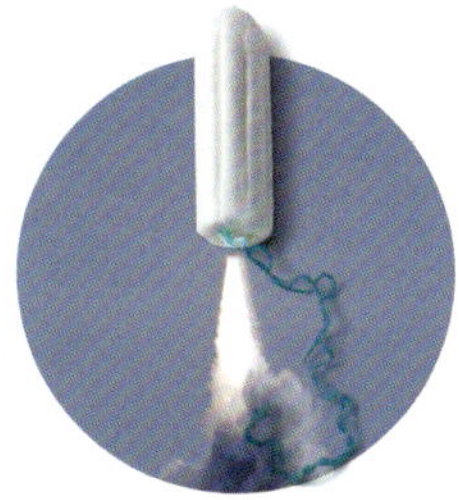

TAMPON = FEUERSTARTER

Tampon auspacken, so zerpflücken, dass es einem Wattebausch gleicht (kann leicht so groß wie ein Tennisball werden), im Lagerfeuer platzieren und anzünden. Brennt wie Zunder. Manche Überlebensgurus behaupten sogar: „Tampons sind die besten Anzünder der Welt."

TUNFISCHDOSE = LICHT

Ein Loch in den Dosendeckel stechen, Zeitungspapier zu einem Docht zusammenrollen und so weit in die Dose stecken, dass nur noch wenige Zentimeter herausragen. Abwarten, bis das Öl vom Papier aufgesogen wird und den Docht anzünden. Funktioniert aber nur mit in Öl und nicht in Wasser eingelegtem Tunfisch.

NOTFALLRATGEBER

SIEBEN AUSNAHMESITUATIONEN UND WIE DU SIE MEISTERST

Es ist erst ein paar Jahre her, seitdem Kepa Acero seinen baskischen Heimatort in der Nähe Mundakas verließ, um mit nichts als seinem Surfboard und einer Kamera die Welt zu entdecken. Inzwischen hat Kepa seine Surfexpeditionen zu seinem Beruf gemacht. Allerdings reist er dafür in Länder, vor denen jedes Außenministerium Europas warnt, durchquert Wüsten, campiert im Dschungel, isst, was das Meer ihm gibt und surft Wellen, die vor ihm noch kein Mensch zu Gesicht bekam. Wir wollten hören, wie er auf einige „Nein, das passiert jetzt nicht wirklich"-Situationen reagieren würde.

Du scorst die Mundaka-Tube deines Lebens, nur um festzustellen, dass du gerade dem fiesesten Local im Lineup reingedroppt bist.
„Darauf gibt es nur eine mögliche Reaktion: Entschuldige dich. An berühmten Spots sind die besten Locals eine Autorität wie die Polizei auf der Straße. Sie denken quasi, dass der Spot ihnen gehört. Also zeige, dass dir dein Fehler wirklich leid tut. So machst du auch klar, dass du die Autorität der Locals anerkennst. Respekt ist überhaupt immer gut. Ansonsten kann es sein, dass du gleich des Wassers verwiesen wirst."

Du surfst ein Riff weit vor der Küste, als dich ein Monsterset erwischt und deine Leash reißt.
„Zuallererst solltest du nicht mutterseelenallein in diese Situation kommen. Es ist nie wert, sein Leben für ein paar Wellen, auch wenn sie noch so gut sind, zu riskieren. Aber nehmen wir einfach an, dass du ganz alleine mitten im Ozean schwimmst. Um ans Ufer zu kommen, musst du versuchen, die Strömungen zu lesen und erkennen, wo du auf das Meer hinausgezogen wirst und wo sich das Wasser Richtung Land bewegt. Das ist nicht leicht, aber oft kann man an der Wasseroberfläche erkennen, wo die Strömungen verlaufen."

In einem Land, dessen Sprache du nicht sprichst, winken dich Polizisten an den Straßenrand.
„Polizeikontrollen können ein Alptraum sein. Nach meinen Erfahrungen fühlen sich Polizisten immer wie die Chefs ihres Bezirks. Also schluck deinen Stolz herunter und behandle sie wie deine Herrn und Gebieter. Natürlich kann es auch teuer werden. Normalerweise finden Cops immer einen Vorwand, um dir etwas Geld abzunehmen, und solange du keine Dollar rausrückst, bewegst du dich nicht vom Fleck. Aber Polizisten sind auch in jedem Land anders. In Angola musste ich nur Bier, Schokolade, Sticker und eine Sonnenbrille verteilen, um weiterfahren zu dürfen."

Plötzlich taucht eine dreieckige Flosse auf, die verdammt nach Hai aussieht, und umkreist dich.
„Bleib ruhig und paddel langsam an den Strand. Mach dir bewusst, dass Haie fast nie einen Menschen angreifen und alles gut ausgehen wird. Panik würde jetzt sowieso nicht weiterhelfen. Ich habe in Afrika schon einige Haie gesehen und nichts ist passiert. Überhaupt mache ich mir wegen Haien keine Sorgen, außer vielleicht an Orten wie La Réunion oder Australien."

Auf Spotsuche am Rand der Sahara bleibt dein Jeep im tiefen Sand der Dünen stecken.
„Dann solltest du wissen, wie man ein festgefahrenes Auto ausgräbt und ausreichend Trinkwasser dabei haben. Fang an zu graben, eine Stunde, vielleicht auch zwei, und dabei immer schön entspannt bleiben. Sag dir, dass es nur ein wenig Sand ist, den du wegschaufeln musst. Panik würde nämlich auch hier nicht helfen. Eigentlich hilft Panik nie."

Eine perfekte Mundaka-Tube nach der anderen schält sich über die Sandbank, die mit gefühlten 150 Surfern bevölkert ist.
„Vor so einer Session sage ich mir, dass da 150 Surfer im Wasser sind und die Chancen auf eine Welle dementsprechend gering ausfallen. Sonst ist man gleich frustriert, sobald man im Lineup sitzt. Ansonsten heißt es, Geduld haben und dabei zu 100 Prozent fokussiert bleiben, vor allem auf die Fehler der anderen. Wer in der Lage ist, sein Board blitzschnell herumzureißen und einen späten Drop zu stehen, wenn ein anderer Surfer stürzt, kann immer ein paar Ritte abstauben."

Du findest diese perfekte Welle, aber du bist am Polarkreis und die Wassertemperatur liegt um den Gefrierpunkt.
„Dann hast du hoffentlich die richtige Ausrüstung dabei. Auf meiner Expedition in die Antarktis hatte das Wasser eine Temperatur von minus zwei Grad. Ich trug zwei Wetsuits übereinander, zwei Paar Handschuhe, zwei Hauben und zwei Paar Booties. Trotzdem war mir bewusst, dass solch extreme Temperaturen einen Menschen schnell töten können."

FLUCHTPLAN

WO IST NUR DER NOTAUSGANG, WENN MAN IHN BRAUCHT?

Als Nathan Fletcher klar wurde, dass er sich gerade zur absolut falschen Zeit am falschen Ort befand, war es nicht etwa nur zu spät, sein Heil in der Flucht zu suchen. Nein, Nathan hatte einfach keine Chance, sich zu retten. Denn wo er im Wasser trieb, hatte der Ozean keinen Notausgang eingeplant.

Alles begann mit einer unbedachten Minute im Winter 2014. Damals war Nathan Fletcher zusammen mit einer Gruppe Big-Wave-Surfer in den kalten Gewässern Chiles auf Wellenjagd, als der beste Swell seit Jahren mit mehr als 20 Fuß auf die Küste traf. Eine Höhe, die Nathan eigentlich problemlos meistern sollte. Schließlich ist der inzwischen schon über 40-Jährige dafür bekannt, an Spots wie Mavericks oder Teahupoo Setwellen anzupaddeln, die außer ihm kein anderer Surfer haben will. Klar, dass dem jüngsten Spross des legendären Flechter-Clans, der in den 70er Jahren als Amerikas erste Surffamilie bekannt wurde, inzwischen der Ruf vorauseilt, ein wahrer Hellman zu sein. Schließlich tragen Videos von Nathan nicht umsonst Titel wie „Ritt des Jahres" oder „Wipeout des Jahres".

In Chile ließ sich die Crew von einem Fischer zu den Wellenbergen vor einer kleinen Insel fahren. „Alles sah perfekt aus", erinnert sich Nathan. „Allerdings checkten wir den Spot auch nur vom Wasser aus, also von hinten." Ein Fehler, wie sich bald herausstellen sollte.

Nathan paddelte in die erste Setwelle, kaum war er im Lineup angekommen. Es war knapp, aber am Ende verlor er das Duell. Das Weißwasser überrannte Nathan wie eine brodelnde Lawine und verschluckte ihn. Unter Wasser löste der Surfer seine Rettungsweste aus. Sofort blähten sich die Luftkammern auf und sorgten für mehr Auftrieb. Die Welle blieb unbeeindruckt. Sie ließ Nathan nicht aus ihrem Griff und riss ihn immer weiter mit. „Sicher 50 Meter wurde ich Richtung Ufer gespült", schätzt Nathan. „Als ich endlich an die Oberfläche kam, waren die Felsen nur noch fünf Meter entfernt. Steinbrocken, teils größer als Minivans, türmten sich zu einem riesigen Trümmerhaufen vor mir auf." Nathan zog an der Leash sein Board, eine 11-Fuß-Gun, zu sich heran und drehte sich um, als der nächste Brecher heranrollte. „Eine Weißwasserwalze hoch wie ein Laternenmast vor mir, eine Geröllhalde im Rücken, ein Worst-Case-Szenario wurde wahr. Ich riss mir die Leash vom Bein und tauchte ab."

ALS ICH AN DIE OBERFLÄCHE KAM, WAREN DIE FELSEN NUR NOCH FÜNF METER ENTFERNT

Kaum erfasste das Weißwasser Nathan, flog er auch schon wie die Kugel in einem Flipperautomaten zwischen den Felsen herum. Boom, boom, boom – schlug er immer wieder hart auf, bis die Welle sich zurückzog. Doch der Strom des abfließenden Wassers war so stark, dass Nathan sich nicht befreien konnte. Verkeilt steckte er zwischen den Granitblöcken fest und bekam nicht einmal seinen Kopf über Wasser. Dann rollte die nächste Walze heran und floss wieder ab, ohne dass Nathan auch nur die Chance bekommen hätte, nach Luft zu schnappen. „Als mich die dritte Welle traf, war ich so gut wie bewusstlos", erzählt Nathan. „Ich sah Sterne und auch so etwas wie ein Licht am Ende des Tunnels. Ich sagte mir: Du bist stärker als das! Höre auf zu kämpfen, entspanne dich und warte ab, was passiert." Das Wunder geschah. Die letzte Welle spülte Nathan auf einen der Felsbrocken, die aus dem Wasser ragten. Er war an der Luft und lag für zehn Minuten fast reglos da, bis er wieder die Kraft hatte aufzustehen und seinen Freunden im Boot zu winken.

Als sie Nathan dann in einiger Entfernung am Ufer abholten, sahen die Surfer zum ersten Mal, wie hart die Wellen in die Felsen krachten. Wer an der falschen Stelle stürzte, hatte keine Chance zu entkommen. „Hätten wir das vorher gewusst, wären wie hier nie ins Wasser gesprungen", ist sich Nathan sicher.

Eine Lektion, die zeigt, wie sehr es sich lohnen kann, einen unbekannten Spot etwas genauer unter die Lupe zu nehmen – selbst, wenn alles scheinbar perfekt aussieht.

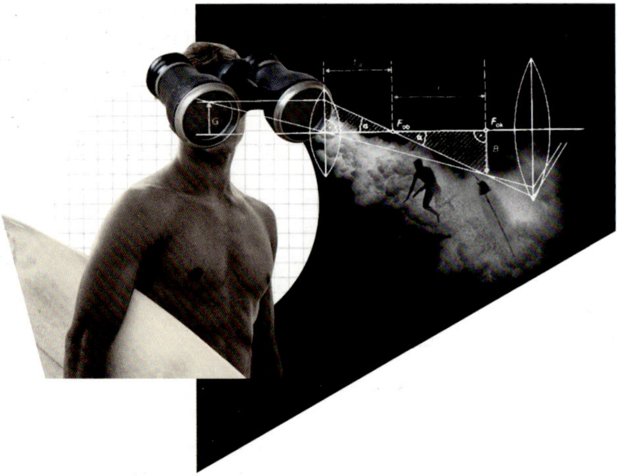

SCHWARZSEHER

GEHE IMMER VOM SCHLIMMSTEN AUS

Dem Kanadier Chris Hadfield widerfuhren in seinem Astronautenleben Dinge, mit denen von uns wohl kaum einer je konfrontiert sein wird. So musste er während eines Trainingsflugs mit einem Jet eine Schlange aus seinem Cockpit entfernen oder damit umgehen, dass er während eines Weltraumspaziergangs aufgrund einer chemischen Reizung seiner Augen von einem Moment auf den anderen völlig blind war. Aber ganz egal, welche Überraschung das Leben für Chris auch bereithielt, keine konnte ihn wirklich aus der Fassung bringen. Zu verdanken hat der Astronaut das einem Ritual, das für ihn so etwas wie ein Lebensmotto geworden ist: Die Kraft des negativen Denkens. Und das geht so...

DIE KUNST, UNHEIL VORHERZUSEHEN

„Ich überlege mir immer, woher mir als nächstes Gefahr drohen könnte", erklärt Chris. Ganz egal, ob er sich ans Steuer setzt, in den Urlaub fliegt oder in einer Raumkapsel Platz nimmt, spielt der Kanadier im Kopf jedes denkbare Worst-Case-Szenario durch. Stell dir vor, du bist beim Hiken in den Wäldern an

Kanadas Westküste unterwegs und plötzlich steht ein Grizzly vor dir oder du fährst mit Tempo 200 auf der Autobahn und ein Reifen platzt. In so einer Situation hast du keine Zeit nachzudenken und dich zu fragen: „Was nun?" In so einer Situation musst du sofort reagieren. Chris versucht dabei, seine Vorstellungen so detailliert wie möglich zu gestalten. Er überlegt etwa, in welche Richtung sein Körper im All rotiert oder wohin er bei einem Aufprall geschleudert werden würde.

Tatsächlich ist ein Mensch nicht dafür konstruiert, bei drohender Gefahr logisch zu denken. Fürchten wir um Leib und Leben, wird unser Körper von solchen Mengen Adrenalin geflutet, dass wir zwar Bärenkräfte entwickeln, gleichzeitig aber kaum mehr einen klaren Gedanken fassen können. Gut, wenn du dann schon einen fertigen Notfallplan in der Schublade hast, den du nur hervorziehen und Schritt für Schritt befolgen musst.

MACHS WIE CHRIS

Was Chris Hadfield macht, um sein Leben zu retten, kann dir zumindest eine Menge Frust ersparen. Stell dir am Strand einfach kurz vor, was alles schiefgehen könnte und wie du reagieren solltest. Wo schwimmst du an Land, wenn deine Leash reißt? Welche Strömungen helfen dir, aus der Impact Zone zu entkommen, wenn dich ein Riesenset festnagelt? Wo bricht der Shorebreak am härtesten auf den Sand und wo kommst du leichter an Land?

Wenn es hart auf hart kommt, kann ein guter Plan ein Surferleben retten, sogar Mark Healeys. Der oft als furchtlos beschriebene Big-Wave-Surfer aus Hawaii war im Sommer 2012 für einen der größten Swells seit Jahren nach Fidschi gekommen und hatte schon einige 20-Fuß-Wände (Mark spricht beim Thema Wellenhöhe immer von der Rückseite und nicht dem Face der Welle) abgeritten, als er beschloss, auf ein richtig großes Set zu warten. Als es kam, paddelte Mark, schaffte es aber nicht in die Welle, drehte sich wieder um und sah eine Wand aus Wasser auf sich zukommen, die alle bisherigen Wellen zu Zwergen degradierte. Aber Mark erstarrte nicht einen Sekundenbruchteil im Schock, sondern wusste genau, was zu tun ist: Kopf nach unten, paddeln, auf die Atmung konzentrieren, Zug um Zug dem Monster entgegen. Er wusste, dass es knapp werden würde. Also plante er, beim letzten Paddelzug mit seiner linken Hand die Leash vom Knöchel zu reißen, falls er es nicht über die brechende Lippe schaffen sollte. Und genau so kam es. Mark tauchte ab, so tief er konnte, und wurde nicht mitgerissen. Ein Foto zeigt Marks 9-Fuß-Gun, die in der Luft vor der Welle so klein wie ein normales Shortboard wirkt. Damit hörte der Notfallplan aber nicht auf. Vielleicht folgte in dem Set ja noch eine weitere, noch größerer Welle. Also kraulte Mark weiter aufs Meer hinaus, kaum hatte er die Oberfläche durchbrochen. Doch es kam keine Welle mehr. Aber die Detonation der Wellenlippe, der Mark nur um Haaresbreite entkommen konnte, war so hart, dass ganze Korallenstücke aus dem Riff gerissen wurden. Was, wenn Mark nur eine Sekunde gezögert hätte?

PFLANZENKUNDE

MIT DER KRAFT DER NATUR BAZILLEN DEN KAMPF ANSAGEN

Von England nach Indien trampen und das ohne einen einzigen Cent in der Tasche. Klingt unmöglich? Nicht für den Briten Tom Thumb, denn der 39-Jährige erklärte schon vor über zwei Jahrzehnten Low Budget quasi zu seiner Religion und reist seitdem kreuz und quer durch die Welt. Was er „on the Road" lernt, gibt er in Büchern oder auf seiner Website roadjunky.com weiter. So auch sein ganz persönliches und 100% pflanzliches Road Junky Travel Health Kit gegen Schnupfen, Durchfall und Zahnschmerzen:

INGWER

„Du hast deine Toilette schon seit Tagen nicht mehr gesehen oder seit Tagen nichts anderes als deine Toilette? Dann ist die Zeit reif für frischen Ingwer. Denn der ist die beste Wahl bei Verdauungsproblemen aller Art, lindert Durchfall und hilft bei Verstopfung. Am besten als Tee, also in kleine Stücke schneiden, 15 Minuten in heißem Wasser aufkochen, und bald wird alles gut."

TEEBAUMÖL

„Gilt als eines der stärksten Antiseptika, die die Natur zu bieten hat. Tötet Bakterien ab und hilft so bei Fußpilz, Hautinfektionen oder Halsentzündungen. Einfach die betroffene Stelle damit einreiben oder mit Wasser vermischt gurgeln (aber nicht schlucken). Da das Öl aus dem australischen Teebaum gewonnen wird, entdeckten die Aborigines auch zuerst dessen Wirkung und verwendeten es quasi für alle Leiden: offene Wunden, Hautausschlag, Erkältungen, Zahnfleischentzündung und sogar Läusebefall."

GRAPEFRUIT-KERNEXTRAKT

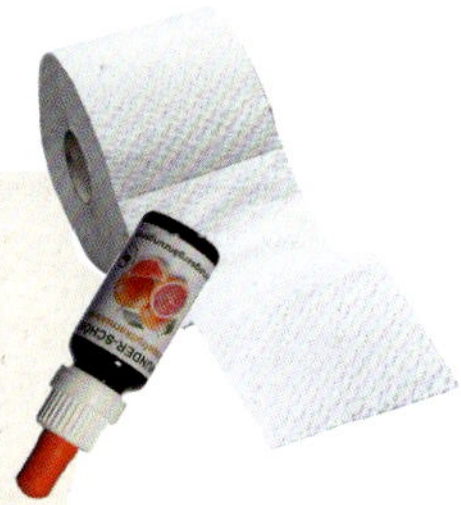

„Schmeckt bitter – so bitter, dass das Wort bitter kaum ausreicht, um den Geschmack zu beschreiben. Tatsächlich gibt es auf diesem Planeten wohl kaum etwas, das bitterer schmeckt. Aber es hilft. Zumindest falls es sich Parasiten oder Bakterien in deinem Bauch bequem gemacht haben oder auch als Geheimwaffe beim Kampf gegen Durchfall. Gourmettipp: Grapefruitkernextrakt mit einem Löffel Zucker vermischt hilft, die Geschmacksexplosion in deinem Mund etwas abzudämpfen."

KNOBLAUCH

„Du spürst, dass diese Begegnung mit dem dauerhustenden, schniefenden und röchelnden Typen neben dir im Bus nicht ohne Folgen geblieben ist. Irgendetwas brütet dein Körper aus, aber vielleicht kannst du dich noch vor der Erkältung oder dem drohenden Infekt retten: Wer hart ist, zerkaut ein paar Knoblauchzehen einfach so, alle anderen nehmen sie in Scheiben geschnitten auf einer Toastscheibe serviert zu sich. Denn Knoblauch wirkt als natürliches Antibiotikum, das dein Immunsystem hochfährt und vor Angriffen schützt. Es soll sogar Würmer in deinem Darm töten, kann die Lösung bei Bauchkrämpfen sein, und manche Backpacker schwören darauf, Herpesbläschen oder Hautinfektionen mit frischem Knoblauch einzureiben."

GEWÜRZNELKEN UND ZIMT

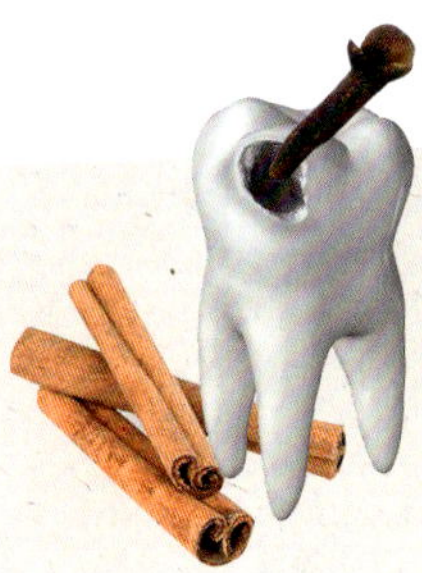

„Wer in Indonesien mit pochenden Zahnschmerzen zum Arzt geht, wird nicht selten mit einer Gewürznelke behandelt. Zuerst sind wir Europäer skeptisch, doch dann spüren wir plötzlich, dass wir nichts mehr spüren. Als Schmerzmittel gegen Zahnschmerzen Gewürznelken zu kauen, ist eben einfach und effektiv zugleich. Aber das ist noch nicht alles: Zusammen mit Zimt in heißem Teewasser entfalten sie eine ähnliche Wirkung wie Ingwer bei Verdauungsproblemen oder Erkältungen."

NOTRATION

WARUM SELBST DER TEUFEL IN DER NOT FLIEGEN FRISST

DIE THEORIE

In einer Notsituation genug zu essen zu finden ist schwer, und wer nichts zu essen hat, wird lethargisch und bekommt die Situation immer schwerer in den Griff. Viele denken, dass es leicht ist, einen Hasen zu fangen oder Fische ohne eine richtige Angel, aber so läuft das nicht. Am Ende bleiben oft nur Würmer, Grashüpfer oder Ameisen als Nahrung, sagt einer, der es wissen muss: Der Kanadier Les Stroud, dessen eigene Fernsehshow „Survivorman" einfachen Regeln folgt. Les wird für eine Woche oder länger ganz alleine und ohne jegliche Hilfsmittel auf einer Insel, in der Wüste oder in der Arktis ausgesetzt, wo er dann überleben muss.

DER BEWEIS

2014 war der deutsche Backpacker Daniel Dudzisz für über zwei Wochen im Outback Australiens verschollen. Auf einem Teilstück seiner Wanderung durch den halben Kontinent kam er vom Weg ab und verlor zwischen zwei Überflutungsgebieten die Orientierung. Als Proviant hatte er ein paar Dosen Bohnen dabei. Nachdem die verbraucht waren, ernährte er sich von Fliegen. Als er gefunden wurde, meinte er nur, dass man mit all den Insekten im Outback wirklich nie Hunger leiden müsse.

Ausschließlich von Ameisen ernährte sich dagegen der US-Marine Karl Bell, der 1983 in der kalifornischen Sierra auf sich allein gestellt war. Geplant hatte er nur eine kurze Wanderung, stürzte dann jedoch in einen Graben ab und brach sich dabei den Knöchel. Fünf Wochen dauerte das Martyrium, bis er zufällig von anderen Wanderern gefunden wurde.

Noch länger überlebten zwei Franzosen 2007 im Amazonasdschungel, als sie sich auf einer fast 100 Kilometer langen Trekkingtour verirrten. Proviant hatten sie für 12 Tage dabei, danach aßen sie Spinnen, Frösche und Käfer. Denn bis die beiden wieder ihren Weg in die Zivilisation fanden, vergingen sieben Wochen. Ihr Glück war auch, dass ihnen vor dem Abenteuer ein befreundeter Insektenforscher folgenden Tipp gab: In einer Notlage einfach Larven essen.

DIE GRÜNDE

1. Insekten sind nahrhaft: 100 Gramm Termiten bieten einen Nährwert von circa 550 Kilokalorien, 100 Gramm Grillen oder Grashüpfer bringen es auf etwa 450 Kilokalorien und die verschiedensten Arten von Erdwürmern liefern noch ungefähr 100 Kilokalorien pro 100 Gramm. Zum Vergleich: 100 Gramm Steak enthalten auch nur knapp 300 Kilokalorien.

2. Insekten sind leicht zu haben: Termiten oder Ameisen gibt es unter Steinen oder Baumrinden. Einfach über einem Gefäß voller Wasser abstreifen und dann von der Oberfläche „ernten". Bei Grashüpfern ist die Tageszeit entscheidend. Denn je kühler die Temperaturen, desto langsamer deren Reaktionen. Also besser in den Morgenstunden jagen. Wenn es richtig kühl ist, lassen sich Grillen dann quasi einsammeln. Ansonsten aus dünnen Zweigen eine Art Fliegenklatsche flechten und die Grillen damit auf den Boden drücken.

3. Insekten sind besser als ihr Ruf: Termiten, kurz angebraten, schmecken fast wie Shrimps. Bei Grillen die Beine sowie Flügel entfernen, auf einem Stein im Lagerfeuer platzieren und fünf Minuten rösten. Geschmack: Irgendwo zwischen Chips und Sonnenblumenkernen – einige Überlebensexperten empfehlen Tabasco dazu. Grundsätzlich sollten ganz grell gemusterte Exemplare vermieden werden. Denn Warnfarben bedeuten meist nichts Gutes. Würmer sind dafür allesamt genießbar, sobald sie von der Erde in ihrem Inneren gereinigt sind. Dazu einfach ein, zwei Stunden in ein Gefäß mit nassem Gras geben, dann kurz anbraten und fertig. Erinnert geschmacklich an Trockenfleisch. Insekten roh zu essen geht auch, braucht aber etwas mehr Überwindung. Außerdem tragen viele Insekten kleine Parasiten mit sich herum, die durch Kochen oder Braten zerstört werden. Aber was soll man tun, wenn es um Leben und Tod geht?

TRINKALTERNATIVEN

BRENNENDER DURST, ABER KEIN SCHLUCK WASSER MEHR? WAS JETZT?

SALZWASSER TRINKEN?

1952 gab es einen, der behauptete, dass der Mensch auch allein mit Salzwasser überleben könnte. Zum Beweis segelte der Franzose Alain Bombard über den Atlantik und sagte nach 65 Tagen am Ziel angekommen, dass er nur von gefangenen Fischen und Salzwasser gelebt hätte. Doch bald kamen Zweifel an der Geschichte auf. Dem Deutschen Hannes Lindemann, der den Törn nachmachen wollte, schwollen schon nach kurzer Salzwasserdiät die Glieder an, während er unter schrecklichem Durst litt. Hätte er nicht ausreichend Regenwasser auffangen können, er wäre wohl bei dem Abenteuer umgekommen. Heute ist klar, dass Salzwassertrinken jeden Menschen auf Dauer umbringt – allerdings kann Salzwasser das Verdursten auch hinauszögern.

No: Durst mit großen Schlucken Salzwasser löschen oder warten, bis der Durst unerträglich wird und erst dann kleine Schlucke Salzwasser trinken. Denn Salz zieht Wasser an, und wenn der Salzgehalt im Magen durch das getrunkene Salzwasser höher ist als im Blut und in den Körperzellen, dann wird dem Körper immer mehr Wasser entzogen anstatt zugeführt. Dasselbe passiert auch, wenn der Körper schon stark dehydriert ist und man dann wenige Schlucke Salzwasser trinkt.

Yes: Noch bevor der Körper dehydriert ist, kleine Schlucke Salzwasser zu sich nehmen, dann kann der Körper das Salzwasser noch verdünnen. Bei Versuchen der französischen Marine hielten die Probanden sechs Tage durch, wenn sie weniger als einen Liter Salzwasser verteilt auf viele kleine Portionen pro Tag tranken.

URIN TRINKEN?

250 Kilometer durch die Wüste Marokkos lagen vor den 128 Läufern, als im April 1994 der Startschuss zum „Marathon des Sables“ fiel. Eine Woche sollte das Rennen dauern, doch am vierten Tag brach ein Sandsturm über die Läufer

herein, der ihnen in seiner Wucht wie die Strafe Gottes vorkam: Eine braune Wolke, die alles verschlang und in deren Innercm Sandkörner zu tausenden Geschossen wurden. Acht Stunden dauerte das Inferno, in denen die Läufer in Bewegung bleiben mussten. Denn wer sich hinlegte, wurde sofort vom Sand begraben. Am nächsten Tag merkte der Italiener Mauro Prosperi nicht sofort, dass er sich hoffnungslos verirrt hatte. Diese Erkenntnis kam erst, als er bis zum Nachmittag keinen anderen Läufer gesehen hatte. Seine erste Reaktion: Er urinierte in seine leere Trinkflasche. Neun Tage später wurde er gefunden, 18 Kilo leichter, aber am Leben. An Flüssigkeit nahm er nur seinen Urin und das Blut von ein paar Fledermäusen zu sich, die er fangen konnte. Tatsächlich ist Urin zu trinken auch gar keine schlechte Idee – zumindest zum richtigen Zeitpunkt.

Yes: Sobald man in eine Notlage gerät, noch am ersten Tag den eigenen Urin sammeln oder trinken, da er zu über 90% aus Wasser besteht.

No: Dasselbe auch in den weiteren Tagen machen. Denn sobald der Körper unter Wassermangel leidet, stellt er auf Sparmodus um und verschwendet keinen Tropfen Flüssigkeit mehr. Der Urin besteht jetzt fast nur noch aus Harnstoff und Salzen, aber kaum mehr aus Wasser.

ALTERNATIVEN?

No: Wasser aus dem Autokühler trinken. Als der berühmte Schriftsteller Antoine de Saint-Exupéry 1935 mit dem Flugzeug über der ägyptischen Wüste abstürzte, trank er das Kühlerwasser aus dem Motor und vergiftete sich dabei. Überlebt hat er aber trotzdem, da eine Karawane seinen Weg kreuzte.

Yes: Die Innereien von Fischen essen. Denn im Gegensatz zum Fleisch enthalten Augen, Gehirn und Organe von Fischen Wasser.

Yes: Schmutzwasser trinken. Zuvor aber in eine durchsichtige Plastikflasche oder –tüte füllen und in die Sonne stellen. Denn das UV-Licht tötet die Erreger im Wasser ab. Bei Sonnenschein innerhalb von sechs Stunden, bei Bewölkung dauert es einen Tag.

SPRECHSTUNDE

ALS CAMPARZT IN G-LAND HAT DANIEL MITTMANN SO MANCHEM SURFER NICHT NUR DEN URLAUB, SONDERN AUCH DAS LEBEN GERETTET. SEIN NOTFALL-ABC ZUR EIGENREPARATUR:

A WIE AUSGEKUGELTE SCHULTER

Binde beide Handgelenke zusammen und lege deine Arme um deine Knie. Dann drückst du mit dem Knie langsam von innen gegen den ausgekugelten Arm. Auf keinen Fall ruckartige Bewegungen machen! Du musst die Muskulatur, die sich durch die Luxation zusammengezogen hat, langsam dehnen, nur so kann das Gelenk wieder zurück in seine ursprüngliche Position springen. Super, wenn du zwei Kumpels dabei hast: Einer stellt sich hinter dich und hält deine Schulter fest, während der andere dein Knie nach unten drückt – so kannst du mehr Druck auf den Arm ausüben.

B WIE BLUTUNG STILLEN

Platzwunden am Kopf bluten immer heftig, weil die Haut so gut durchblutet ist, sind aber schnell in den Griff zu bekommen – selbst wenn es eine Arterie erwischt hat und das Blut nur so spritzt. Einfach mit einem festen Verband Druck auf die Wunde ausüben oder mit den Fingern die Wundränder zusammendrücken. Wer Nadel und Faden hat, kann auch eine Knopfnaht machen (siehe N wie Nähen), normalerweise fließt dann kaum mehr Blut. Bei größeren Cuts an Armen oder Beinen ein T-Shirt straff um die Wunde knoten. So ein Kompressionsverband übt großflächigen Druck aus, ohne die Gliedmaße abzuschnüren. Zur Not kannst du das Bein auch mit Gürtel oder Leash abbinden, aber wirklich nur für kurze Zeit!

D WIE DESINFEKTION

Im Tropenwasser fühlen sich Bakterien extrem wohl, selbst kleinste Wunden können hier schlimme Infektionen verursachen – das Ende eines jeden Surftrips. Erst vor kurzem musste ich in Sri Lanka einem Surfer raten, das nächste Flugzeug nach Hause zu nehmen.

Sein Reefcut war so entzündet, dass er bereits hohes Fieber hatte. Wenn es einmal soweit gekommen ist, hilft nur der Weg ins Krankenhaus. Dabei ist es eigentlich ganz einfach vorzubeugen: Selbst den kleinsten Schnitt jeden Abend oder besser nach jeder Session mit Wasser aus einer noch verschlossenen Flasche ausspülen und desinfizieren.

G WIE GIFT

Skorpionstiche sind selten tödlich, tun aber höllisch weh! Eis betäubt den Schmerz. Gefährlicher sind da Steinfische, die in den Tropen häufig vorkommen und zu den giftigsten Fischarten weltweit zählen. Sie lauern auf dem Riffboden oder in seichtem Wasser, trittst du auf sie, jagen sie dir ihren Rückenstachel in den Fuß. Wenn du Pech hast, kommt es neben starken Schmerzen zu Lähmungen, Kammerflimmern und Blutdruckabfall. Die gute Nachricht: Da es sich um ein Proteingift handelt, löst es sich bei Temperaturen über 40 Grad auf – also sofort den Fuß in heißes Wasser halten! Bei Schlangenbissen gibt es kein Universalmittel, aber auf keinen Fall die Wunde aufschneiden, aussaugen oder abbinden, wie man es aus Filmen kennt, das funktioniert nicht. Besser sofort hinlegen, damit das Gift über den Blutkreislauf nicht weiter in den Körper transportiert wird, und sich schnell ins nächste Krankenhaus fahren lassen. Wenn möglich, ein Foto von der Schlange machen, damit die Ärzte gleich das richtige Gegengift spritzen können.

I WIE INFEKTION STOPPEN

Trotz aller Vorsichtsmaßnahmen hat sich die Wunde entzündet, ist leicht gerötet und tut weh. Jetzt bloß nicht herumlaufen, denn dann werden die Keime über die Lymphbahnen nur weiter im Körper verteilt. Bein oder Arm hochlagern, ruhig stellen und kühlen. Wenn die Wunde genäht wurde – Naht entfernen, dasselbe gilt für eine Kruste. Dann einen Verband mit Betaisodona-Salbe anlegen. Die Salbe hat den Vorteil, dass sie die Bakterien tötet, die schon in die umliegende Haut eingedrungen sind. Ohne diese Maßnahmen hilft das beste Antibiotikum nicht. Ein großes Problem in den Tropen ist auch, dass die Antibiotika, die du vor Ort bekommst, oftmals nicht anschlagen, weil die Keime gegen sie resistent geworden sind (meine Empfehlung: siehe Seite 60). Bekommst du trotzdem Fieber, läuft Eiter aus der Wunde oder wird dein Bein/ Arm rot, musst du schnellstmöglich ins nächste Krankenhaus – und zwar nicht erst morgen, sondern sofort, das kommt von allein nicht mehr in Ordnung.

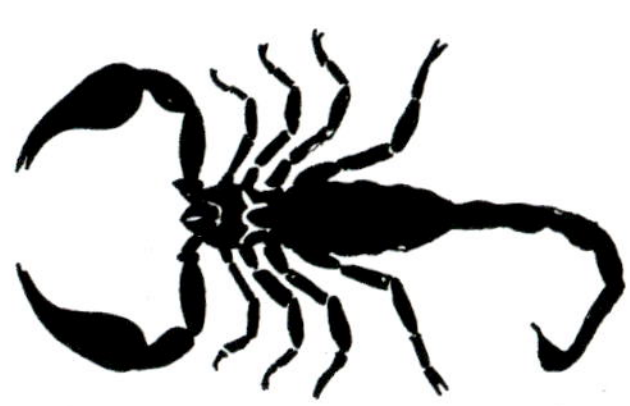

K WIE KNOCHENBRUCH

Wenn dein Unterschenkel nach einem Sturz in einem unnatürlichen Winkel absteht, musst du ihn reponieren, also wieder zurück in seine ursprüngliche Position bringen. Das ist schmerzhaft, muss aber sein, sonst riskierst du, dass dein Bein nicht mehr ausreichend durchblutet wird und nach etwa zwei Stunden abstirbt. Hast du diese Prozedur überstanden, stabilisierst du den Bruch mit einem Besenstiel oder Stock und machst dich auf den Weg ins nächste Krankenhaus.

N WIE NÄHEN

Allgemein gilt: Wunden zu nähen ist nur am Kopf oder im Gesicht sinnvoll, weil die Haut hier besser durchblutet ist, schneller heilt und das Risiko einer Infektion gering ist. Vorher musst du die Verletzung allerdings unbedingt gut ausspülen und desinfizieren (siehe D wie Desinfektion)! Am einfachsten ist die Knopfnaht: Auf der einen Seite der Wunde reinstechen, auf der anderen raus und mit einem Knoten zusammenbinden. Klar, es tut weh, aber Eis als lokales Betäubungsmittel nimmt den Schmerzen die Spitze. Von größeren Cuts an Arm oder Bein, die man in Europa sofort nähen würde, lässt man in den Tropen lieber die Finger. Die Gefahr einer Infektion ist einfach zu groß, weil Wunden durch das tropische Klima immer feucht sind und so Bakterien einen idealen Nährboden bieten. Besser: Die offene Wunde mehrmals am Tag penibel säubern. Natürlich rät dir jeder Arzt, nicht mit einer offenen Wunde ins Wasser zu gehen, daran hält sich nur kein Surfer. Die Wunde abzudichten bringt aber kaum etwas, irgendwie findet das Wasser immer einen Weg. Besser nach jeder Session gründlich desinfizieren, das kann eine Infektion verhindern, ist aber keine Garantie!

R WIE REISEVERSICHERUNG

Selbst an so abgelegenen Orten wie Nias gibt es mittlerweile ein Krankenhaus, aber das willst du nicht unbedingt von innen sehen, und bis in die Hauptstadt dauert es mit dem Auto drei Tage. Auch von G-Land sind es mindestens 12 Stunden, bis du in Bali im nächsten Krankenhaus aufschlägst. Kommt es wirklich hart auf hart, sind Flugzeug oder Hubschrauber oft die einzige Möglichkeit, dein Leben zu retten. Die meisten Traveller haben zwar eine Auslandskrankenversicherung, die Rettungseinsätze abdeckt, aber kleingedruckte Versicherungsklauseln interessieren in Ländern wie Indonesien niemanden – dort regiert Bargeld. Kläre am besten vor deiner Abreise mit deiner Versicherung ab, ob sie im Notfall eine Bestätigung mailen oder faxen kann, in der steht, dass sie die anfallenden Kosten übernimmt. Gut ist auch, vor der Reise das Limit der Kreditkarte auf mindestens 10.000 US-Dollar zu erhöhen, so kannst du im Notfall deine eigene Rettung bezahlen, denn die kostet selbst bei einer kurzen Distanz schon 5000 bis 6000 US-Dollar. Manchmal hilft allerdings nicht einmal mehr Geld: Ich habe schon Surfer sterben sehen, weil einfach kein Hubschrauber zur Verfügung stand. Ein Japaner ist in Nias over the Falls gegangen und hat sich mit den Finnen seines Boards die Kehle aufgeschnitten. Er konnte leider nicht ausgeflogen werden und ist zwei Tage später gestorben.

S WIE SEKUNDENKLEBER

Wer sich nicht zutraut, eine Wunde selbst zu nähen, kann auch Sekundenkleber verwenden. Funktioniert gut am Kopf oder bei kleineren, flachen Cuts unter 1.5 cm Länge. Niemals aber bei einem tiefen Loch verwenden. Wenn du das zumachst, gibt es keinen Abfluss mehr, und die Bakterien im Inneren werden sicher für eine schlimme Infektion sorgen. Das A und O: Wunde gründlich desinfizieren, bevor du sie verklebst.

W WIE WORST CASE

Die schlimmste Verletzung in G-Land war ein Thoraxtrauma, nachdem der Surfer von der Lippe mit voller Wucht auf das Riff genagelt wurde. So eine Brustkorbprellung hört sich zwar gar nicht so spektakulär an, kann aber tödlich enden, wenn die Lunge voll Blut läuft oder die Milz gerissen ist. In G-Land kann man in so einem Fall nichts tun. Der Surfer wurde aber noch am gleichen Tag ausgeflogen (siehe R wie Reiseversicherung). Wenn du vorhast, längere Zeit in einer wirklich abgelegenen Region zu verbringen, kannst du dir vorsorglich den Blinddarm rausnehmen lassen. Bei Astronauten, die längere Zeit in einer Weltraumstation verbringen, ist das längst gang und gäbe. Ich persönlich habe das aber noch nie in Erwägung gezogen, dafür habe ich viel zu viel Angst, mich selbst unters Messer zu legen.

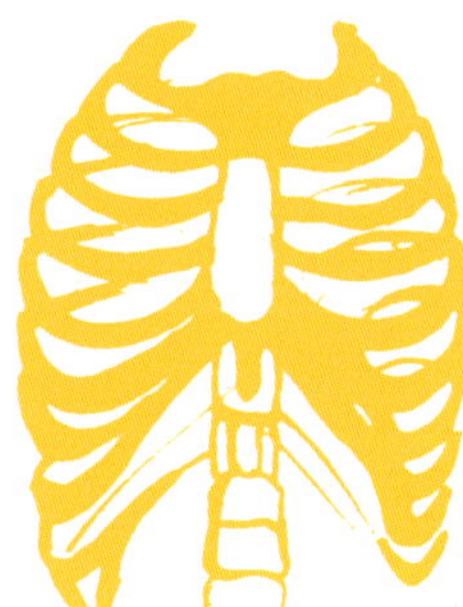

REISEAPOTHEKE

DU WILLST EIN PAAR MONATE IM INDONESISCHEN DSCHUNGEL ODER AFRIKANISCHEN BUSCH DIE WELLE DEINES LEBENS SUCHEN? DANN SCHAU DIR BESSER AN, WELCHE NOTFALLAUSRÜSTUNG DER SURFER UND EHEMALIGE G-LAND-DOKTOR DANIEL MITTMANN FÜR SO EINEN TRIP EMPFIEHLT:

Verbandsmaterialien: Kompressen und Verbandswickel.

Desinfektionsmittel: Octenisept ist meine erste Wahl, denn es ist nicht ganz so aggressiv und tötet weniger gesunde Hautzellen ab als eine Betaisodona®-Lösung. Besser ist es, zusätzlich Betaisodona als Salbe dabei zu haben (siehe S. 57, I wie Infektion stoppen). Falls nichts anderes da ist, funktioniert auch Zitronen- oder Limettensaft: Zitrusfrüchte sterilisieren durch ihren Säuregehalt. Man braucht aber zusätzlich ein Stück Holz, das man sich dabei zwischen die Zähne klemmt.

Breitbandantibiotikum: Ich verwende meistens Ciprofloxacin®, dagegen sind noch nicht so viele Keime resistent. Hilft auch bei Darmerkrankungen.

Sekundenkleber: Super, um kleinere Wunden oder größere Cuts am Kopf zu verschließen.

Chirurgische Nadel und Faden (2.0 oder 3.0 Nylon)

Skalpell (Nr. 11): Damit lassen sich Abszesse aufstechen.

Spitze Pinzette: Zum Entfernen von Splittern oder Seeigelstacheln.

Spritzen und Kanülen: Falls du vor Ort eine Spritze brauchst, hast du besser dein eigenes Equipment dabei – in den Tropen verwenden sie Spritzen gerne auch zweimal.

Steri-Strips: Habe ich zwar immer dabei, aber noch nie benutzt. Verschließen Wunden fast so gut wie eine Naht, sind aber leider nicht wasserfest und daher für Surfer eher ungeeignet.

Antihistaminika (in Tablettenform): Verhindern einen anaphylaktischen (allergischen) Schock nach Stichen, Bissen oder bei Lebensmittelallergien.

Pilzsalbe: In den Tropen holt man sich schneller einen Pilz als man denkt – das fängt meistens mit einem kleinen Rash an, wenn man sich aufgepaddelt hat. Ist unangenehm und bekommt man ohne Behandlung auch nicht wieder weg.

Pflaster: Eigentlich selbstverständlich, oft nimmt man aber zu wenig mit. Bei einem Schnitt am Fuß hast du einen hohen Verbrauch, schließlich willst du nicht ständig Schmutz in die Wunde bekommen, wenn du mit Flip-Flops unterwegs bist.

Anti-Durchfallmedikament: Durchfall hat einen Sinn, denn er schwemmt Krankheitserreger aus dem Körper.

Die meisten Anti-Durchfallmittel blockieren diesen Vorgang, bekämpfen aber nicht die Ursache. Ich schwöre auf Tannacomp® – es macht die Keime unschädlich und stoppt gleichzeitig den Durchfall.

Kortisonsalbe: Lindert Juckreiz und beruhigt gereizte Haut – super, wenn du dich aufgepaddelt hast oder bei einer allergischen Hautreaktion.

Elektrolytlösungen in Pulverform: Zum Beispiel Elotrans®, versorgt deinen Körper bei Durchfall oder Erbrechen mit wichtigen Nährstoffen und Flüssigkeit.

Schmerzmittel: Etwa Ibuprofen® 800 oder Paracetamol® bei Prellungen oder Fieber. Aspirin ist in den Tropen keine gute Idee, denn man weiß nie, ob Kopfschmerzen und andere grippeähnliche Symptome nicht auch die ersten Anzeichen von Denguefieber sind – Aspirin kann den Verlauf dann verschlimmern.

Malariatabletten: Nehme ich als Prophylaxe mit, die ich nur schlucke, falls ich fürchte, mich mit Malaria infiziert zu haben. Je nach Region gibt es unterschiedliche Präparate, aber das A und O ist sowieso, sich nicht stechen zu lassen – es gibt über 120 verschiedene Viruserkrankungen, die durch Mücken übertragen werden!

Bargeld: Immer 200 Dollar in bar dabei haben. Im Notfall kannst du sie jemandem zustecken und ihm sagen: Fahr mich ins nächste Krankenhaus. In der Dritten Welt geht ohne Geld fast nichts – und schon gar nicht schnell.

Zahnseide: Kann bei einer klaffenden Kopfwunde hilfreich sein, wenn man weder Sekundenkleber noch Nadel und Faden zur Hand hat. Ein langes Stück Zahnseide entlang des Cuts platzieren, zwei Haarbüschel von beiden Seiten der Wunde abtrennen, im Uhrzeigersinn miteinander verschlingen und mit der Zahnseide fest zusammenknoten. Je nach Länge der Wunde mit weiteren Haarbüscheln wiederholen.

BAUPLAN

SURFBOARDERSATZ SELBST GEMACHT

Es ist eingetreten, was nicht eintreten durfte: Du bist irgendwo in Indo oder auf einer kleinen Insel im Pazifik, die Wellen feuern, aber dein Board ist weg. Gestohlen, gebrochen oder auf dem Flug verschollen. Deine einzige Chance, um doch noch zu surfen: Ein Board selber bauen. Oder genauer ein Alaia, komplett aus Holz, so wie es die Hawaiianer vor 100 Jahren surften. Wie es geht, weiß der englische Shaper Dave Kingdon, der in seiner Boardschmiede Utopia Surfboards an der französischen Küste in Mimizan neben normalen Blanks auch eine Menge Holz verarbeitet.

MATERIAL

„Alles, was du brauchst, sind ein paar Holzbretter und die sollten sich wirklich überall auftreiben lassen. Du könntest Holzpaletten zerlegen, eine Wandverkleidung zweckentfremden oder eine Bauruine durchsuchen, schau dich einfach um. Aber achte darauf, dass die Bretter kaum dicker als zwei Zentimeter sind, sonst wird dein Alaia zu starr. Ich verwende für Alaiaboards nur Paulowniaholz, weil es kein Wasser aufnimmt und leicht ist. Aber du bist in einer Notlage und kannst nicht wählerisch sein, also nimm, was du kriegen kannst."

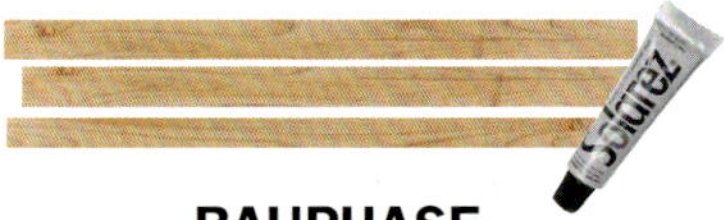

BAUPHASE

„Ein Alaia sollte lang, schmal und dünn sein. Am besten um 7 Fuß (knapp über zwei Meter) lang sowie 18 bis 19 Inch (circa 46 Zentimeter) breit. Um das zu erreichen, musst du wahrscheinlich drei oder vier Bretter miteinander verkleben. Ideal wäre dazu ein Boardreparaturkit wie Solarez. Auf die Längsseite der Bretter auftragen, zusammenpressen und abwarten, bis es ausgehärtet ist. Zusätzliche Festigkeit kannst du dem Harz verleihen, wenn du es noch mit Haaren oder den Fasern von Kokosnüssen vermischt. Hast du kein Reparaturharz dabei, musst du vielleicht auf normales Baumharz zurückgreifen. Kleben wird es, nur wie lange, kann man nicht sagen. Dazu einfach Harzklumpen sammeln, erhitzen, um es wieder zu verflüssigen, auftragen und trocknen lassen."

SCHNITZARBEIT

„Die Nose mit einer Säge so bearbeiten, dass sie der eines Longboards ähnelt. Das Tail ist nicht so wichtig, da ein Alaia eher wie ein Snowboard auf den Rails gesurft wird. Daher entweder eckig lassen, abrunden wie die Nose oder, wenn du ein drehfreudigeres Alaia willst, ein Swallowtail aussägen. Wichtiger ist, dass du dem Board eine Taille verpasst, ähnlich einem Snowboard, das in der Mitte schmäler wird. Die sollte aber nicht in der Mitte liegen, sondern im letzten Drittel des Boards, bevor es im Tail wieder etwas breiter wird. Das sorgt für etwas mehr Kontrolle."

FEINTUNING

„Die Unterseite darf nicht flach bleiben, sie muss in der Mitte konkav werden. Fang also recht weit vorne an, etwa dort, wo du mit Kinn oder Brust auf dem Board liegst, und schleife entlang der Mitte eine sanfte Vertiefung bis zum Boardende ins Holz. Das macht das Alaia lebendig und verhindert, dass es beim Surfen zu tief ins Wasser sinkt. Gibt es kein geeignetes Werkzeug, reichen auch scharfe Steine oder Muscheln als Schleifgeräte. Holz ist weich und lässt sich leicht bearbeiten."

VERSIEGELN

„Holz saugt sich im Wasser voll. Um das zu verhindern, musst du das Alaia mit Öl versiegeln. Ich benutze dazu eine Mischung aus Leinsamen- und Kokosöl, aber nimm einfach, was du kriegen kannst. Jedes Öl funktioniert."

SURFEN

„Es wird nicht leicht. Du musst paddeln wie ein Verrückter, genau an der richtigen Stelle sitzen und wirst garantiert weniger Wellen bekommen, als du gewohnt bist. Wenn es aber einmal klappt, freust du dich wie ein Kind, das zum ersten Mal in seinem Leben ein Stück Schokolade bekommt."

Besser
surfen

Wie lange dauert es, ein richtig guter Surfer zu werden, der vor keiner Welle zurückschreckt und in jede Section den perfekten Turn setzt? Genau 10.000 Stunden – besagt zumindest eine Studie, die Anfang der 90er Jahre in den USA veröffentlicht wurde und behauptet, dass jeder alles erreichen kann, wenn er nur genug Zeit investiert. Dabei ist es ganz egal, ob es um eine Sportart geht, um Musik oder Kunst. Wer 10.000 Stunden investiert, wird Spitzenniveau erreichen. Beispiele dafür gibt es viele: Etwa die Beatles, die 1960 für ein paar Jahre nach Hamburg zogen und über 1.200 Gigs spielten. Teilweise verbrachten sie acht Stunden auf der Bühne und das an bis zu sieben Tagen in der Woche. Nach der Theorie waren die Beatles 1960 nicht besser als viele andere Bands, als sie aber nach England zurückkehrten und 10.000 Stunden Live-Performance abgeliefert hatten, waren sie – na, das muss wohl nicht erwähnt werden. Auch Bill Gates' Reichtum wird mit der 10.000-Stunden-Regel erklärt. Es war als Teenager so besessen vom Programmieren, dass er sich nachts aus dem Elternhaus schlich, um in der Schule an einem Computer zu arbeiten. 1975 war Gates dann – 10.000 Stunden Programmiererfahrung im Kopf – bereit, Microsoft zu gründen.

Alles, was jetzt also noch zwischen dir und deiner Profikarriere steht, ist ein wenig Zeit im Meer. Doch wie lange dauert es, 10.000 Stunden im Lineup abzureißen? Rechnen wir mal nach:

Dauer einer Surfsession: 2 Stunden
Surfsessions pro Tag: 2

Ergebnis: 2500 Tage oder knapp sieben Jahre, wenn du wirklich nonstop surfen gehst.

Leider ist das etwas unrealistisch. Nehmen wir an, dass du nur auf Trips zum Surfen kommst und so etwa 30 Tage pro Jahr am Ozean verbringst.

Dauer einer Surfsession: 2 Stunden
Surfsessions pro Tag: 2
Surfsessions pro Jahr: 60

Ergebnis: Du brauchst 83 Jahre, bis du es zum Profi gebracht hast.

Okay, jetzt aber den Kopf nicht hängen lassen. Es gibt nämlich auch Untersuchungen, die die 10.000-Stunden-Regel widerlegen. So besagt eine neue Studie der Princeton Universität von 2014 etwa, dass durch reines Anhäufen von Trainingszeit die eigenen Fähigkeiten nur um 25 Prozent verbessert werden können. Wichtiger als die Quantität ist also die Qualität. Zu diesem Schluss kommt auch der amerikanische Autor Cal Newport, der mit etlichen Überfliegern sprach. Nach ihm sind die Besten ihrer Disziplin immer auch wahre Meister ihres Trainings: Sie schaffen es, sich immer exakt bis an ihre Grenzen zu pushen und sie so Tag für Tag ein kleines Stückchen weiter zu verschieben.

Training alleine ist gut – das richtige Training ist besser.

GEHIRNDOPING

MEHR LEISTUNG DURCH GEDANKENKRAFT

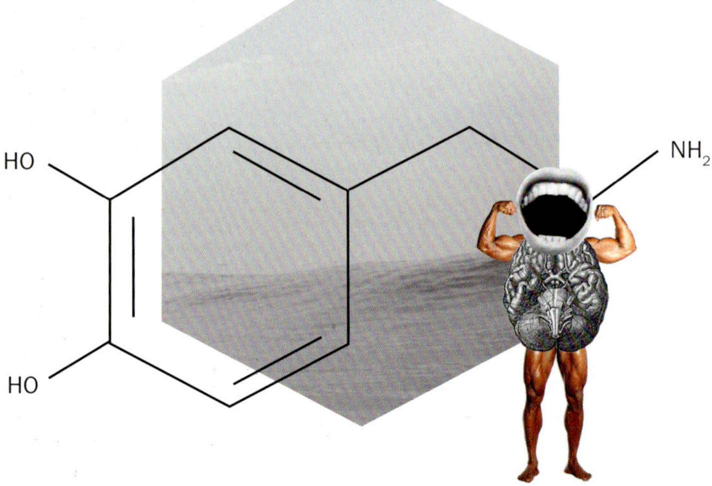

ENDORPHINE AUSSCHÜTTEN

Surfen und sich ärgern liegen nah beieinander. Denk nur daran, wie du das letzte Mal vom Set des Tages an den Strand gespült wurdest, dir ein Typ zweimal hintereinander in die Welle gedroppt ist oder einfach jeder Turn mit einem Wipeout endete. Was liegt da näher, als seinem Ärger Luft zu machen? Fluchen wird deine Session allerdings kaum verbessern – ein kleines Lächeln dagegen sehr wohl.

Denn die Muskeln in unserem Gesicht sind mit dem Gehirn eng verzahnt. Kaum gibt es Anlass zur Freude, schickt das Gehirn den Befehl, die Mundwinkel hochzuziehen. Umgekehrt funktioniert das aber genauso. Kaum lächeln wir, geht das Gehirn davon aus, dass wir happy sind und schüttet als Bonus auch noch Endorphine aus. Also Glückshormone, die uns Entspannung bringen, Muskeln lockern und sogar Schmerzen lindern. Mit Endorphinen im Blut fällt Paddeln leichter, werden Takeoffs geschmeidiger und Turns härter. Kurz: Du surfst einfach besser. Interessant ist dabei, dass unser Gehirn bei einem Gesprächspartner sofort erkennt, ob ein Lächeln echt oder nur gespielt ist.

Bei uns selbst ist das dem Gehirn aber völlig egal. Bei einer wissenschaftlichen Forschungsreihe reichte es sogar aus, dass sich die Probanden einen Bleistift quer im Mund zwischen die Zähne klemmten, um eine Dosis Endorphine abzubekommen.

VISIONEN HABEN

Mick Fanning wusste, dass gleich viel auf dem Spiel stehen würde, als er im Juli 2014 über den Strand von J-Bay ging. Nur noch wenige Minuten blieben dem australischen Surfprofi bis zum Finale des World-Tour-Stopps in Südafrika. Ein Sieg wäre gleichbedeutend mit einem Scheck über 100.000 US-Dollar und einer Menge Punkte im Rennen um die Weltmeisterkrone. Um das zu erreichen, setzte Fanning sich in den Sand und schloss die Augen. Was genau er in diesem Moment dachte, hat er nie erzählt. Mit einiger Wahrscheinlichkeit lässt sich aber annehmen, dass Mick sein Kopfkino anwarf und sich vorstellte, wie er gleich durch die pfeilschnellen J-Bay-Tubes rasen würde.

Unter Sportpsychologen ist diese Technik als „Visualisieren" bekannt. Im Prinzip stellen sich Sportler dabei die perfekte Performance vor, die sie gleich abrufen wollen: Ein Marathonläufer etwa, wie er den letzten Kilometer frisch und voller Energie zurücklegt oder ein Fußballspieler, wie er einen Elfmeter sicher verwandelt. Faszinierend ist, dass der Körper so auch Bewegungsmuster lernen und abspeichern kann. Wenn es dann darauf ankommt, spulen die Muskeln praktisch ein altbekanntes Programm ab, obwohl die Aktionen bisher nur vor dem geistigen Auge stattfanden. Einige Sportwissenschaftler behaupten sogar, dass beim Erlernen neuer Bewegungsabläufe durch Visualisieren bis zu 80 Prozent des Trainingseffekts einer real ausgeführten Bewegung erreicht werden können. Der Kopf ist eben ein mächtiges Werkzeug und Mick Fanning wusste es richtig einzusetzen: Er gewann. Warum also nicht vor der nächsten Surfsession selbst ein paar Minuten in reine Vorstellungskraft investieren und in Gedanken ein wenig auf dem nächsten Level surfen?

UNHEIL HERAUFBESCHWÖREN

Die „Self-Fulfilling Prophecy" ist bei US-Trainern ein Dauerthema. Im Prinzip geht es dabei um das Phänomen, dass etwa ein Basketballteam, das gegen einen stärker eingeschätzten Gegner nicht an einen Sieg glaubt, tatsächlich das Match verliert. Genauso kann eine selbsterfüllende Prophezeiung einem einzelnen Sportler zum Verhängnis werden. Zum Beispiel tut sich ein Footballspieler, der im Kopf ständig den Satz „Nicht den Ball fallen lassen!" wiederholt, damit keinen Gefallen. Denn er nährt mit diesen negativen Gedankenspielen gleichzeitig seine Selbstzweifel, wird unsicherer und lässt den Ball am Ende tatsächlich fallen. Also besser beim Surfen nicht vorstellen, wie dich die hohlen Brecher mit der Lippe nach vorne schleudern, sondern wie du die steilen Takeoffs sicher stehst.

PERFORMANCE-BOOSTER

„IN THE ZONE" ÜBER SICH HINAUSWACHSEN

DAS RÄTSEL

Kannst du dich auch an so eine Session erinnern, bei der kein Takeoff zu tief und keine Welle zu schnell für dich war? Warum ist es nur nicht immer so? Warum treibt man am nächsten Tag unmotiviert im Lineup und muss sich zu jedem Paddelzug zwingen oder ist so hektisch, dass man nicht einmal sicher auf die Füße kommt?

DER GRUND

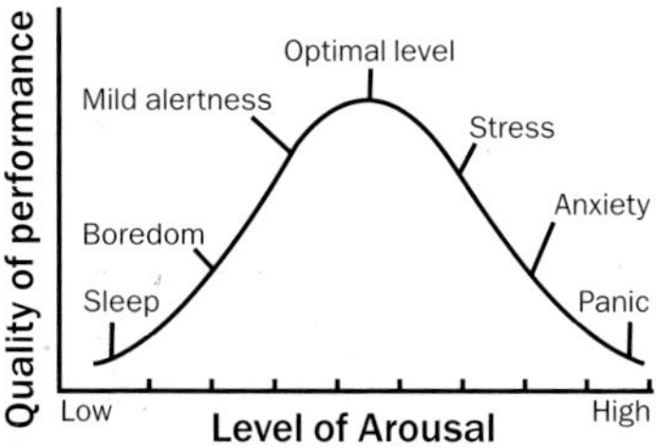

Sportwissenschaftler kennen das Geheimnis hinter diesem Phänomen und nennen es „Arousal". Zumindest im englischen Sprachraum, ins Deutsche übersetzt wird meist etwas holprig vom Grad der Wachheit, der Aufregungskurve oder Reaktionsbereitschaft gesprochen. Keineswegs ein neues Forschungsgebiet, schon seit 1908 existiert das Yerkes-Dodson-Gesetz, das den Zusammenhang zwischen Anspannung und Performance belegt. Knapp zusammengefasst: Wer gelangweilt ist oder zu locker an eine Aufgabe herangeht, ist zu träge, um seine beste Performance abzuliefern. Wer zu aufgeregt oder nervös ist, wird hektisch und über die eigenen Füße stolpern. Zwischen diesen beiden Extremen liegt ein Bereich, den Profiathleten nur als „the Zone" bezeichnen und der Menschen zu Höchstleistungen beflügelt. Ursache sind Stresshormone wie Adrenalin, die im Körper wahre Urkräfte freisetzen können. Zu wenig davon und dir kommt alles nur unendlich anstrengend vor, zu viel und du kannst kaum mehr einen klaren Gedanken fassen.

DIE LÖSUNG

Profis wissen genau, wie sie sich „in the Zone" versetzen, um immer optimale Performance zu zeigen. Etwa wie sie vor einem entscheidenden Match zur Ruhe kommen oder sich beim Training für die Anstrengungen aufputschen. Und das geht so...

AROUSAL-KONTROLLE

DURCH DEN LINEUP TREIBEN ODER SETWELLEN ABSTAUBEN - DU HAST ES IN DER HAND!

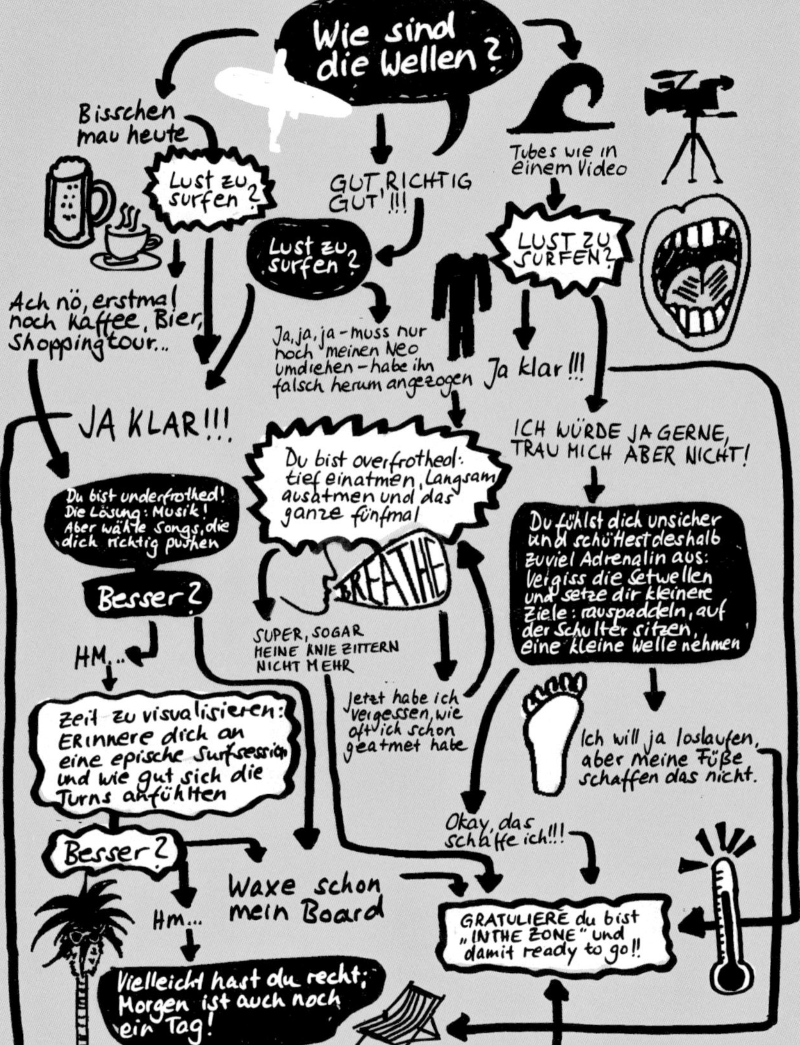

ATEMNOTKONTROLLE

UNTER SURFPROFIS IST APNOETAUCHEN SEIT EINIGEN JAHREN GROSS IN MODE. FÜNF GRÜNDE, WARUM EIN FREITAUCHKURS AUCH DIR GUTTUT:

ES GEHT SCHNELL

Heute gehört der Hawaiianer Ian Walsh zum festen Bestandteil des Lineups in Jaws, wann immer 30 Fuß oder noch größere Swells auf Maui zurollen. Seine Rekordmarke liegt sogar bei knapp 70 Fuß, und doch versucht der 32-Jährige, diesen Ritt immer noch zu toppen. Kaum zu glauben, dass Ian früher die Luft keine 40 Sekunden lang anhalten und im Pool gerade drei Meter tief tauchen konnte. Doch das war bevor er anfing, mit einem Freedive-Trainer zu arbeiten. „Innerhalb nur eines Tages schaffte ich plötzlich dreieinhalb Minuten beim Luftanhalten und fast zehn Meter beim Tieftauchen", erzählt Ian. „Nach ein oder zwei Wochen war ich dann bei 4.40 Minuten Luftanhalten und 35 Meter Tieftauchen – das ist so tief, dass du noch nicht einmal das Ende des Seils in der Tiefe erkennen kannst, wenn du abtauchst."

WISSEN IST MACHT

Wenn dir ein echter Freitaucher einmal zeigt, was einatmen heißt, holst du nicht mehr nur einfach Luft. Dann machst du Atemzüge, die im Bauchraum beginnen, sich in deiner Brust fortsetzen, bis sie schließlich in den Schultern enden und dir mehr Luft in die Lunge packen, als jemals zuvor. Außerdem verstehst du, was sich in deinem Körper abspielt, während du die Luft anhältst. Wissen, das der Atemnot den Schrecken nimmt. Ein Beispiel: Irgendwann nach ein oder zwei Minuten setzt bei jedem mit dem Atemreiz auch das Zucken im Zwerchfell ein. Das bedeutet aber keineswegs, dass der Luftvorrat zu Ende geht, sondern nur, dass der Körper gerne etwas Kohlendioxid ausatmen würde. An Luftreserven verbraucht, ist dann erst etwa die Hälfte. Wer das weiß, hält den Atemreiz viel leichter und länger aus.

ES IST ALLES NUR IM KOPF

„Wenn du nur daran denkst, gegen die Uhr zu kämpfen, entwickelst du Stress, und mit dem Stress spannen sich deine Muskeln an und die verbrauchen dann mehr Sauerstoff", meint Kirk Krack, der Apnoetrainer von Ian Walsh und Gründer von Performance Freediving. Der Trick ist demnach: Nicht daran denken, dass du die Luft anhältst. Und: Einfach entspannt bleiben. Denn die Grenzen beim Luftanhalten existieren nur im Kopf. Daher zählen manche beim Training im Pool die Fugen zwischen den Kacheln, um sich abzulenken oder gehen den Morgen vom Aufwachen über Zähneputzen und Frühstück Schritt für Schritt nochmals im Kopf durch. Während eines langen Waschgangs heißt es deshalb auch, ruhig zu bleiben, nicht gegen den Ozean anzukämpfen und sich in den berühmten „Happy Place" zurückzuziehen. Was das ist? Alles, was in deiner Vorstellung positive Gefühle auslöst: der Käsekuchen deiner Großmutter, ein toller Urlaubstag, Kindheitserinnerungen...

ERFAHRUNG SCHLÄGT PANIK

Panik ist schlecht. Panik lässt dein Herz rasen, lässt dich verzweifelt mit Armen und Beinen strampeln. Gerate in Panik, und du verschwendest unnötig Energie. Das beste Gegenmittel: Wissen, dass du der Situation gewachsen bist. Ian Walsh wird zu diesem Zweck beim Training im Pool von drei Tauchern unter Wasser gedrückt, herumgezerrt, um die eigene Achse gedreht und Pressluft mit solcher Wucht ins Gesicht geschossen, dass es seine Augenlider hochreißt. Einige Minuten geht das so, bis Ian denkt, dass er Luft braucht und auftauchen will. Doch sie lassen ihn nicht gleich nach oben, sondern reißen Ian nochmal ein paar Sekunden lang nach unten. „Nur so lernst du, dass du noch Reserven hast, selbst wenn du denkst: Es geht nicht mehr", meint Ian.

ES MACHT SELBSTBEWUSST

Beim Freitauchtraining bleibst du länger unter Wasser und tauchst tiefer, als je ein Hold-Down andauern oder dich ein Wipeout in die Tiefe drücken wird. Allein dieses Wissen nimmt Waschgängen den Schrecken, macht dich selbstbewusster und weckt Lust auf größere Wellen.

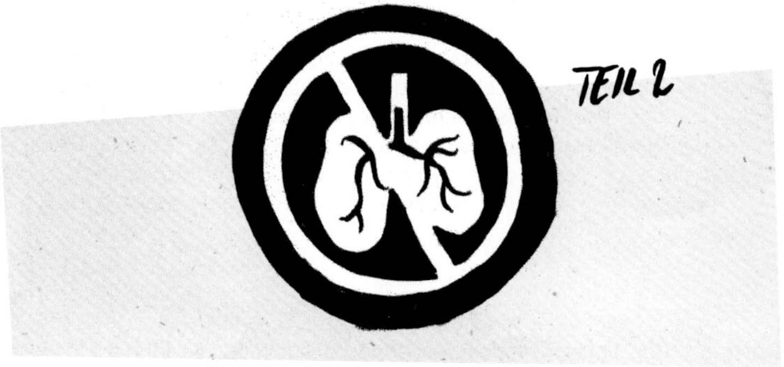

ATEMNOTKONTROLLE

DEIN EINSTEIGERKURS IM LUFTANHALTEN MIT FREEDIVER YOUBUUR. DER 32-JÄHRIGE SCHWEDE KANN ÜBER FÜNF MINUTEN DIE LUFT ANHALTEN, BETREIBT EINEN EIGENEN YOUTUBE-CHANNEL MIT TUTORIALS FÜR FREEDIVER UND WEISS, WIE AUCH DU DREI MINUTEN OHNE ATEMZUG DURCHHÄLTST.

DAS ERSTE MAL

Lege dich auf die Couch oder setze dich in einen bequemen Sessel, entspanne so ein paar Minuten, warte bis sich dein Puls beruhigt und atme dann drei Mal tief ein und wieder aus – aber benutze dazu auch dein Zwerchfell und nicht nur deine Brust. Atme dann ein viertes Mal ein und halte die Luft an. Die erste Minute ist noch ganz einfach, in der zweiten wird es dann interessant: Dein Zwerchfell wird zucken, es wird unangenehm sein, du wirst denken, dass du unbedingt sofort nach Luft schnappen musst... Aber das liegt nur daran, dass du es nicht gewohnt bist, die Luft so lange anzuhalten. In Wirklichkeit hast du noch eine Menge Luft als Reserve, also ignoriere die Zeichen deines Körpers und halte noch ein wenig durch.

FEHLER

Der menschliche Körper erkennt nicht, wenn der Sauerstoff ausgeht. Es gibt dafür einfach kein Warnsystem. Der Atemreiz wird nämlich durch zu viel Kohlendioxid im Blut ausgelöst, nicht durch zu wenig Sauerstoff. Daher kann es passieren, dass du beim Luftanhalten durch Sauerstoffmangel ohne jegliche

Vorankündigung bewusstlos wirst. Im Bett liegend ist das nicht schlimm, weil der Körper dann automatisch atmet. Unter Wasser ertrinkst du aber. Also Luftanhalten im Pool niemals ohne Buddy trainieren, der dich sichert. Auch stehend oder am Steuer deines Autos sind keine guten Trainingssituationen.

Nicht zu empfehlen ist es auch, direkt nach dem Essen zu trainieren, weil die Verdauung viel Energie braucht, und du so bestimmt niemals deine Bestleistungen abrufen kannst.

TRAINING

Der beste Weg, um sich an dein zuckendes Zwerchfell zu gewöhnen? Training, Training und nochmals Training. Es ist unglaublich, wie sich unser Körper anpassen kann. Von einer auf zwei Minuten verbesserst du dich leicht in einer Woche, weil der Sauerstoff locker ausreicht, von da an wird es dann eher eine Kopffrage. Also wie ruhig du bleiben und dich in Gedanken ablenken kannst, um den Atemreiz weiter zu ignorieren. Das ist wie beim Muskel- oder Ausdauertraining: Wenn du denkst, es geht nicht mehr, sind bestimmt noch 30 Prozent an Reserven da.

Ein gutes Mittel sind auch Trainingstabellen, um sich an viel Kohlendioxid und wenig Sauerstoff im Blut zu gewöhnen. Zwei Beispiele zum Einstieg:

Kohlendioxid-Toleranz:

Ruhephase	Luftanhalten
2:30 min	1:00 min
2:15 min	1:00 min
2:00 min	1:00 min
1:45 min	1:00 min
1:30 min	1:00 min
1:15 min	1:00 min
1:00 min	1:00 min
1:00 min	1:00 min

Sauerstoffmangel-Toleranz:

Ruhephase	Luftanhalten
2:00 min	0:30 min
2:00 min	0:45 min
2:00 min	1:00 min
2:00 min	1:15 min
2:00 min	1:30 min
2:00 min	1:45 min
2:00 min	2:00 min
2:00 min	2:00 min

Wer die Tabellen locker schafft, kann die Erholungsphasen verringern bzw. die Phasen des Luftanhaltens verlängern. Immer nur eine Tabelle pro Tag.

FÜR SURFER

Es ist recht unwahrscheinlich anzunehmen, dass man vor einem Wipeout Zeit für drei lange Atemzüge hat. Um so eine Situation zu simulieren, kannst du zuerst ausatmen und dann die Luft anhalten. Das ist ein tolles Mittel, um den Körper von einem Augenblick auf den anderen in einen Notzustand zu versetzen und sich daran zu gewöhnen. Es ist unangenehm, aber ich selbst habe mit diesem Training gute Fortschritte gemacht.

ZIELSETZUNG

VON EINEM, DER AUSZOG MAVERICKS ZU REITEN

Der amerikanische Journalist und Autor Jaimal Yogis wollte herausfinden, ob wir Menschen unsere Ängste kontrollieren oder sie uns. Also beschloss der langjährige Surfer, sich einer seiner größten Ängste zu stellen: Mavericks zu surfen.

START

Mavericks ist keine normale Welle. An diesem Spot im Norden Kaliforniens brechen eiskalte, dunkle Wasserwände von der Größe eines fünfstöckigen Hauses und höher. Alleine die in die Tiefe stürzende Lippe ist dick wie ein Minivan. Würde so ein Brecher auf ein Einfamilienhaus treffen, es würde in Stücke gehauen. Das sind Tatsachen, in meinem Kopf war Mavericks aber noch viel böser und gemeiner. Seitdem ich mit 12 Jahren anfing, Surfmagazine zu verschlingen, hatte ich von so vielen Two-Wave-Hold-Downs, Horror-Wipeouts und ähnlichen Worst-Case-Szenarios rund um Mavericks gehört, dass dieser Spot in meinem Gehirn nun Jahre später in einer Reihe mit Weißen Haien oder bösen Grizzlys stand. Mavericks war für mich quasi zu einer Urangst geworden.

DIE LISTE

Es gibt einen einfachen psychologischen Trick, um die Angst vor einer Prüfung oder Herausforderung zu verlieren: Mach dir die mit der Situation verbundenen Ängste bewusst, liste sie auf und arbeite sie Punkt für Punkt ab.

Meine Liste:

- Bei einem Hold-Down ertrinken
- Mein Board in Mavericks – fast einen Kilometer vom Ufer entfernt – verlieren
- Weiße Haie (immer ein Thema in Kalifornien)
- Den Takeoff verpassen und mit der tonnenschweren Lippe over the Falls gehen

Also ging ich Apnoetauchen, bis ich vier Minuten die Luft anhalten konnte, schwamm Langstrecken von bis zu fünf Kilometern im Ozean, tauchte mit Weißen Haien und surfte meine Big Wave Gun so oft, bis mir das Board vollkommen vertraut war. Danach wusste ich, dass ich jedem meiner persönlichen Worst-Case-Szenarios gewachsen war – bis auf einen Haiangriff natürlich. Also musste ich mir bewusst machen, dass ich dieses Restrisiko sowieso nicht beeinflussen konnte, und es daher auch absolut sinnlos ist, sich darüber Gedanken zu machen.

KOPFKINO

In den letzten 15 Jahren meines Lebens hatte ich unzählige Wellen in allen Ecken der Welt gesurft. Manche waren schnell, hohl und brutal, andere groß und massiv, aber keine kam an Mavericks heran. Ein Problem, denn Menschen haben eine angeborene Angst vor dem „Unbekannten“, und ich hatte keinen blassen Schimmer, was mich im Lineup von Mavericks erwartete. Hilfe brachte eine Technik, die auch etliche Profiathleten vor einem Wettkampf anwenden: Visualisieren.

Aus etlichen Videos wusste ich ja, wie Mavericks aussieht. Und so stellte ich mir vor, wie ich durch das kalte Wasser paddle, wie sich ein Set erhebt, wie ich in die Welle starte und schließlich in die Tiefe rase – jeden Abend, kurz bevor ich einschlief.

DER TAG X

Ich saß schon Stunden im Lineup, als ich versuchte, eine kleinere Welle anzupaddeln. Die Wellenfaces der Sets waren sicher zehn Meter hoch und wurden von den 15 Surfern am Peak untereinander aufgeteilt. Ich verpasste den Takeoff, drehte mich wieder um und bekam Todesangst. Das Freakset war riesig, alle Surfer hetzten Richtung Horizont, aber für mich war es zu spät, ich warf mein Board zur Seite und tauchte so tief ich konnte. Um mich herum war es dunkel, ich wusste nicht mehr, wo oben oder unten war, machte ein paar Schwimmzüge, meine Lunge schrie nach Luft und tatsächlich: Da war Licht. Ich konnte wieder atmen. Nachdem ich das hinter mir hatte, war die Frage geklärt, wie es sich anfühlt, von einer haushohen Weißwasserwalze verschlungen zu werden. Kurz: Ich konnte wieder eine Unbekannte streichen, die in meinem Kopf nichts als Schrecken verbreitet hatte.

DER SCHALTER IM KOPF

Stunden später hatte ich immer noch keine Welle geritten. Mal zog ich zurück, mal war ich zu weit vom Peak entfernt, immer stimmte etwas nicht. Da wurde mir bewusst, dass ich während der gesamten Session darauf gewartet hatte, dass sich meine Angst einfach in Luft auflösen würde. Aber natürlich tat sie das nicht. Alleine der Anblick der Brecher reichte aus, meine Nackenhaare aufzustellen. Mit Anfang 20 betrieb ich ein wenig Meditation nach dem Zen-Buddhismus, wobei ich oft viele Stunden fast bewegungslos im Lotussitz verbrachte. Anfangs leidet man extrem unter dieser Körperhaltung, und wer sich gegen den Schmerz wehrt, der wird ihn nie los. Wer den Schmerz aber akzeptiert, kann ihn ausblenden oder sogar ins Gegenteil, ein Art Wohlbefinden, drehen. Vergleichbar mit einem ‚Runners High', das manche Marathonläufer nach 30 Kilometern oder mehr spüren.
Genauso stellte ich mich nun meiner Angst. „Kämpfe nicht dagegen an", sagte ich mir. „Verleugne sie nicht, die Angst gehört zu dieser Session dazu." Und das Wunder geschah. Ich saß an der richtigen Stelle, die Welle kam, ich drehte mein Board und paddelte voller Selbstbewusstsein an. Sekunden später war alles vorbei und ich keine Mavericks-Jungfrau mehr. Schon faszinierend, wie ein einziger Gedanke unser Verhalten oder unsere Ängste verändern kann.

Den Weg nach Mavericks beschreibt Jaimal auch in seinem Buch „The Fear Project".

ESSENSLEKTION

DU BIST, WAS DU ISST, ODER?

Der Kalifornier Dr. Tim Brown arbeitet seit Jahrzehnten als Sportmediziner, Trainingsspezialist und Ernährungsberater mit Footballstars, Golfprofis und den weltbesten Surfern zusammen. Klar, dass Tim weiß, wieso Erfolg und gute Ernährung zusammenhängen und was du selbst durch bewusste Ernährung bewirken kannst.

WAS BRINGT'S?

„Mach dir einfach bewusst, dass fast jede Zelle unseres Körpers im Laufe eines Jahres durch eine neue ersetzt wird und dass die Qualität dieser neuen Zellen stark von dem abhängt, was wir essen oder trinken. Willst du also starke, gesunde Zellen, die sich gegen Krankheiten wehren können, oder willst du einen Körper, der aus schwachen, verletzlichen Zellen besteht? Am Ende bist du eben doch, was du isst. Und je leichter dein Körper Nährstoffe oder Mineralien aus der Nahrung gewinnen kann, desto mehr Energie wirst du beim Surfen haben, desto schneller wirst du dich nach einer langen Session erholen und desto besser werden die Millionen an Körperzellen sein, die jeden Tag neu gebildet werden."

WIE GEHT'S?

„Dazu musst du dir zuerst überlegen, welche Ziele ein Surfer im Vergleich mit anderen Sportlern haben sollte. Außenverteidiger zum Beispiel sind die leichtesten Footballspieler auf dem Platz. Dennoch messen sie zwischen 1.77 und 1.88 Meter bei einem Gewicht von 83 bis 102 Kilo. Sie wollen schwer sein. Ihre Diät sollte ihnen daher ausreichend Energie für kurze Spitzenbelastungen geben und zugleich ihren massiven Körperbau erhalten. Die meisten Pro Surfer wiegen zwischen 65 und 74 Kilo bei einer Körpergröße zwischen 1.72 und 1.77 Meter. Sie wollen leichtfüßig, schnell sowie agil sein. Masse zuzulegen ist in etwa das Letzte, was sie sich wünschen. Ihre Diät gleicht daher der von Langstreckenläufern. So bleiben sie mager und haben trotzdem ausreichend Energie für lange Sporteinheiten und schnelle Erholung. Im Prinzip umfasst ihr Ernährungsplan Fisch, Geflügel, Rindfleisch, einen großen Anteil an Gemüse und Früchten mit wenig Fructose, wie Beeren, Orangen, Grapefruits oder Aprikosen. Außerdem Nüsse, Körner, Samen und Bohnen."

WIE LANGE DAUERT'S?

„Das ist individuell sehr unterschiedlich. Die meisten spüren aber ziemlich schnell, dass sie mehr Ausdauer haben, sich besser konzentrieren können, besser schlafen und ganz allgemein mehr Energie haben. Auch der erreichte Performance-Boost ist individuell und kann zwischen zehn und 100 Prozent mehr Leistungsfähigkeit liegen."

GUT!

„Leicht verdauliche Nahrung, also viel Gemüse und Früchte – iss natürlich, roh und bio, um dich frisch und lebendig zu fühlen.

Viel Wasser, Kräuter- oder Grüner Tee sowie Veggie-Drinks, um dem Körper genug Flüssigkeit zuzuführen.

Meine Geheimwaffen: Chia-Samen und Kokosnussöl."

SCHLECHT!

„Drei Stunden vor einer Surfsession eine große Portion essen. Denn dann konzentriert sich dein Körper nur auf die Verdauung und du fühlst dich lethargisch anstatt energiegeladen.

Lebensmittel, die die Menschen vor 150 Jahren nicht als solche erkannt hätten. Sprich: industriell hergestellte Nahrung aus Dosen oder tiefgefrorene Fertiggerichte sowie Fast Food.

Lebensmittel, die locker ein paar Jahre stehen können, ohne schlecht zu werden."

ZUTATENLISTE

NATÜRLICHES DOPING FÜR DEINEN KÖRPER

Um auf der World Tour ganz vorne mitzuhalten, reicht Talent allein schon lange nicht mehr aus. Die Zeiten, in denen sich die Pros Burger und Bier genehmigten, sind daher auch lange vorbei. Mittlerweile hat fast jeder der Top-30-Surfer einen eigenen Coach, der ihm nicht nur sagt, wie sein Trainingsplan aussieht, sondern auch, was abends auf dem Teller landet. Jemanden wie Johnny Gannon, der fünf Jahre lang Taj Burrow von einem Contest zum nächsten begleitete und den Australier in die Form seines Lebens brachte. Auch dank folgender Ernährungstipps:

MACH'S WIE DIE STEINZEIT-MENSCHEN

„Ich bin kein Fan von strikten Ernährungsplänen, aber wer sich an der Paleo-Diät orientiert, versorgt seinen Körper mit allem, was er braucht. Dabei geht es darum, auf industriell verarbeitete Lebensmittel zu verzichten und sich so natürlich wie möglich zu ernähren – wie unsere Vorfahren in der Steinzeit. Dazu gehören Eier, Fisch, Fleisch, Nüsse/ Körner, Gemüse und Obst. Sie enthalten jede Menge Nährstoffe, die dir die nötige Energie verleihen, um länger zu surfen und dich nach einer Session oder dem Training schneller zu erholen. Ich sage nicht, dass du dich sklavisch daran halten musst, aber es ist ein guter Rahmen für deine Ernährung. Milch- und Weizenprodukte verträgt jeder Körper anders – manche haben keinerlei Probleme damit, während sie bei anderen schlimme Autoimmunreaktionen auslösen können. Fest steht, dass eine natürliche und ausgewogene Ernährung gesünder und leistungsfähiger macht. Auch Taj fühlt sich besser, wenn er sich gut ernährt. Ich habe das Gefühl, dass er dann im Wasser viel besser performt und mehr Energie hat."

Du willst essen wie ein Pro? Hier Johnnys Geheimtipps in Sachen Superfoods, die deinem Körper einen wahren Energieschub verpassen:

VITAMIN-BOOST

Smoothies sind perfekt, um dir vor oder nach dem Surfen schnell Nährstoffe zuzuführen. Eines von Johnnys Lieblingsrezepten:

Kokosnusswasser (Flüssigkeit und Mineralien)
3 Eier (Proteine und Aminosäuren)
1 Banane (Magnesium und Kohlenhydrate)
1 Handvoll Babyspinat (Chlorophyll – regt die Produktion neuer Blutzellen an)

MUSKEL-BOOST

„Du willst Muskeln aufbauen und deinen Cholesterinwert verbessern? Es gibt nur ein Nahrungsmittel, das solche Superkräfte in sich vereint: Ei. Das Problem: Du kannst nicht jeden Tag Omelett oder Rührei essen. Aber wie wärs mit Quiche, Eiersalat oder Shakshuka, einem würzigen, arabischen Gericht, das aus jeder Menge Eier und Tomaten besteht? Auf meinem Blog Surffitness.tv findest du 20 leckere Rezepte mit dieser proteingeladenen Power-Zutat."

HEALTH-BOOST

„Magnesium ist ein echter Alleskönner: Es unterstützt dein Herz, kurbelt die Gehirntätigkeit an, verbessert die Verdauung, erhöht die Flexibilität und sorgt für stärkere Knochen. Hat dein Körper ausreichend Magnesium zur Verfügung, entspannen sich die Venen und Arterien – Blut, Sauerstoff sowie Nährstoffe können so besser transportiert werden. Zu wenig Magnesium führt zu Hyperaktivität, Schwindel, Muskelkrämpfen, Erschöpfung und Müdigkeit. Randvoll mit Magnesium sind zum Beispiel Bananen, gekochter Spinat, Mandeln und Brokkoli. Magnesiumtabletten empfehle ich eher nicht, die können Durchfall und Magenkrämpfe auslösen."

TRAININGSLEHRE

DER AUSTRALIER JOHNNY GANNON IST NICHT NUR DER COACH, DEM PRO SURFER WIE TAJ BURROW VERTRAUEN, SONDERN SURFT AUCH SELBST WELLEN, DIE DIR LOCKER DAS GENICK BRECHEN KÖNNEN. ER WEISS GENAU, WIE DU DEIN SURFEN AUF EIN NEUES LEVEL BRINGEN KANNST. SEIN ERFOLGSREZEPT:

SURFEN IST DAS BESTE TRAINING

„Eine alte Trainingsregel lautet: Nimm Kraft- und Konditionstraining nie ernster als den Sport, für den du trainierst. Das gilt vor allem im Surfen. Wieso? Weil wir nur begrenzt Zeit haben, um an unseren Skills zu arbeiten. Zum einen sind die Surfbedingungen so gut wie jeden Tag anders und manchmal auch richtig schlecht, zum anderen sind Turns und Airs nur sehr schwer in exakt der gleichen Ausführung zu wiederholen – zumindest solange du keinen Wavepool besitzt. Wenn wir also Surfsessions verpassen, weil wir trainieren oder zu erschöpft von der letzten Laufeinheit sind, hat das Auswirkungen auf unserer Performance im Wasser. Tajs Trainingsplan hat sich immer nach der Wellenvorhersage gerichtet: Waren die Wellen gut, haben wir das Training reduziert und mehr Wert auf Regeneration und lockere Schwimmsessions gelegt. Waren die Wellen durchschnittlich, kamen ein paar zusätzliche Kraft- und Ausdauereinheiten dazu. Durch die richtige Trainingsdosis wird sich dein Surfen verbessern: Du erwischt mehr Wellen, hältst länger durch, verletzt dich seltener und surfst schneller und besser als je zuvor."

MINIMALER AUFWAND, MAXIMALE WIRKUNG

„In Sachen Training ist für die meisten Menschen Zeit ein wichtiger Faktor (oder soll ich besser Ausrede sagen?). Aber dich fit zu halten, muss nicht lange dauern. Die Lösung: Minimal Effective Dose (MED) oder auch minimaler Aufwand, maximale Wirkung. Wieso soll ich mich mit zehn verschiedenen Übungen eine Stunde lang abplagen, wenn ich den gleichen Effekt auch mit vier Übungen in 30 Minuten erzielen kann? Siehe Seite 84.

MEHR IST NICHT IMMER BESSER

„Früher war ich der Experte für Übertraining und der Meinung: Je mehr, desto besser. Von Ruhetagen oder Regeneration hatte ich keine Ahnung. Die Folge: Ich schlief schlecht, war gestresst und hatte ständig mit Verletzungen und Infektionen zu kämpfen. Heute weiß ich, dass ‚Rest and Recovery' extrem wichtig ist, um das Beste aus deiner Surf-Performance herauszuholen. ‚Rest' bedeutet dabei, dass du ein oder zwei Tage eine Auszeit vom Training nimmst und einfach nur chillst. In ‚Recovery'-Phasen regenerierst du deinen Körper dagegen aktiv: mit lockeren Schwimmsessions oder Tools wie Schaumstoff-Massagerollen, um deine Muskeln zu lockern."

FIT IM SCHLAF

„Schlaf gehört zu den am meisten unterschätzten Regenerationsmitteln für Surfer – wahrscheinlich weil die meisten von uns genauso gerne ausgehen wie surfen. Was allerdings nur die wenigsten wissen: Während wir schlafen, läuft unser Körper auf Hochtouren! Dann schießt der Pegel des Wachstumshormons Somatotropin in die Höhe, repariert müde Muskeln, lässt Haut, Haare und Knochen nachwachsen, entsorgt Abfallprodukte des Stoffwechsels und fördert die Wundheilung. Wer zu wenig schläft, verlangsamt diese Prozesse und verhindert, dass der Körper am nächsten Tag seine volle Leistung abrufen kann. Ob du genügend schläfst, kannst du leicht herausfinden: Wer gegen 22 Uhr immer wieder einnickt und ohne Wecker bei Sonnenaufgang aufwacht, ist ausgeschlafen und in Topform."

SCHLECHTER STRESS VS. GUTER STRESS

„Manchmal hilft uns Stress, unsere ‚Comfort Zone' zu verlassen und über uns hinauszuwachsen – wie eine Art Stimulanzmittel, das uns genau dann einen Performance-Boost verpasst, wenn wir ihn brauchen. Aber konstanter oder zu viel Stress kann uns in ein körperliches Loch fallen lassen. Ich empfehle dann Meditation und Atemübungen, so kannst du Stress abbauen und wieder leistungsfähiger werden."

ÜBUNGSSTUNDE

IN 30 MINUTEN ZUR FORM DEINES LEBENS

Taj Burrow ist dafür bekannt, keine Party auszulassen. Trotzdem gilt der 37-jährige Australier als einer der besten Surfer weltweit und ist auch nach 17 Jahren auf der World Tour noch topfit. Zu verdanken hat er das seinem Personal Coach Johnny Gannon, der mit ihm jahrelang ein knallhartes Trainingsprogramm durchgezogen hat. „Dank Johnny bin ich stärker und gesünder als je zuvor", bestätigt Taj den Erfolg von Johnnys Programm. Du willst genauso fit werden wie Taj? „Alles, was du dafür brauchst, sind ein Springseil und eine halbe Stunde Zeit", sagt Johnny und empfiehlt folgendes Workout:

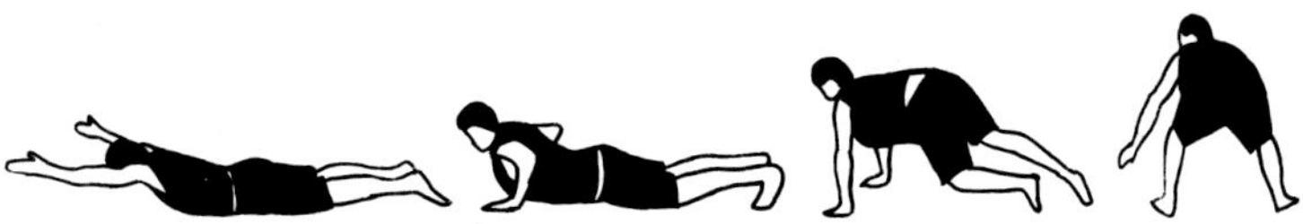

1. **SURFERS POP UP/ BURPEE**

Lege dich auf den Bauch, richte den Blick leicht nach vorne und strecke die Arme so aus, dass dein Körper einem Y gleicht. Drücke die Schulterblätter zusammen und ziehe die Ellbogen nach hinten, bis deine Handflächen auf Höhe deiner Brust sind. Dann springe so vom Boden ab, als würdest du einen Takeoff machen. Fünf Wiederholungen auf jeder Seite (Regular und Goofy) ergeben eine tolle Übung, um deine Schnelligkeit und Agilität zu verbessern.

2. **LUNGE TWIST**

Stelle dich aufrecht hin, die Beine hüftbreit auseinander. Mache einen Ausfallschritt nach vorne, so dass das hintere Knie im 90-Grad-Winkel gebeugt ist. Halte die Position für einen kurzen Moment, drehe dann den Oberkörper mit angewinkelten Armen zur Seite deines vorderen Beines und kehre wieder in die Ausgangsposition zurück. Fünf Wiederholungen auf jeder Seite. Diese Übung stretcht deine Hüften wie keine andere und stabilisiert deinen Core-Bereich – denn der Körpermittelpunkt ist das Herzstück jedes erfolgreichen Surfers.

3. **SEITLICHER AUSFALLSCHRITT AUF EINEM BEIN**

Aufrechte Position, die Beine hüftbreit auseinander. Mache nun einen großen Schritt zur Seite und gehe dabei mit deinem Oberkörper und den Armen in der Bewegung mit. Verlagere das Gewicht nun komplett auf das eine Bein und hebe das andere Bein ein paar Zentimeter vom Boden ab. Halte diese Position für einige Sekunden und wiederhole die Bewegung in die andere Richtung. Fünf Wiederholungen auf jeder Seite. So dehnst du die Adduktorenmuskeln in deinem Oberschenkel – der Schlüssel zu kraftvolleren Turns.

4. **20 DOPPELTE ODER 100 NORMALE SEILSPRÜNGE**

Seilspringen ist eine der einfachsten, aber effektivsten Übungen für Surfer. Wir trainieren damit Schnelligkeit, Reaktionsfreudigkeit, Stabilität und Ausdauer – alles Eigenschaften, die wir auch beim Surfen brauchen.

Wiederhole dieses Workout drei- bis sechsmal ohne Pause.

Tipp Nr. 1: Wie oft und wie intensiv du trainierst, hängt davon ab, welche Ziele du dir gesetzt hast, wie alt du bist und wie viel Zeit dir zur Verfügung steht. Legst du neben diesem Grundlagentraining noch regelmäßig eine lockere Schwimmsession ein, wirst du schnell merken, wie du mit jeder Woche fitter wirst.

Tipp Nr. 2: Es ist extrem wichtig, dass du die Übungen sauber ausführst! Schalte lieber einen Gang runter als zu schludern und lass dich am besten von einem Kumpel filmen – so siehst du, ob du wirklich alles richtig machst.

Tipp Nr. 3: Variiere die Übungen alle drei Wochen, sonst wird es langweilig und du verlierst den Spaß daran! Auf meinem Blog surffitness.tv poste ich regelmäßig neue Workouts.

GEDANKENSCHULE

BESSER SURFEN DURCH MEDITATION

DAS PROBLEM

Ständig denken wir an tausend Dinge gleichzeitig, nur nicht an das, was wir gerade tun. Stell dir einen Mann vor, der mit seinem Hund im Wald spazieren geht. Der Hund denkt: Bäume, grün, schön. Der Mann denkt: Den neuen Wagen in blau oder rot bestellen? Ist meine Steuererklärung korrekt? Wird meine Rente ausreichen? Nicht schlimm, sagst du? Klar, die Welt wird dadurch nicht untergehen. Aber wenn du dich als Surfer ständig durch Gedankenspiele ablenken lässt, kann dir das eine Session komplett ruinieren. Etwa, wenn du nach einem heftigen Wipeout an nichts anderes mehr denken kannst und bei jeder Welle nur noch zurückziehst. Oder du ständig überlegst, was die anderen Surfer im Lineup von deiner Performance halten und vor lauter Selbstzweifel selbst den einfachsten Takeoff verbockst. Dann halten dich diese Gefühle davon ab, dich auf die nächste Welle zu konzentrieren und so das Beste aus deiner Surfsession zu machen.

DIE LÖSUNG

Deinen „Blue Sky Mind" aktivieren! So nennen Buddhisten die Fähigkeit, sich vollkommen und ausschließlich auf das Hier und Jetzt zu konzentrieren. Denn in ihrer Vorstellung sind störende Gedanken nur graue Wolken, die sie per

Gedankenkraft vertreiben. Das Ergebnis ist ein klarer, blauer Himmel bis zum Horizont und in der Realität ein Geisteszustand, in dem negative Erlebnisse oder Sorgen einfach von dir abprallen.

SO MACHEN ES PROFIS

Der australische Surfpro Dave „Rasta" Rastovich, quasi die Inkarnation eines Soul-Surfers, meditiert täglich. „Ich lege ein Kissen auf den Boden und knie mich hin. Meine Wirbelsäule ist dabei vollkommen durchgestreckt, dadurch fühle ich mich wach und konzentriert. Ich schließe die Augen, beobachte meinen Geist und lasse alle Gedanken wie Wolken vorbeiziehen. Wenn ich zu viele Dinge im Kopf habe oder gestresst bin, ballen sich die Wolken am Himmel zusammen und verdecken ihn. Also versuche ich, kleine Löcher in der Wolkendecke zu finden, Löcher, die immer größer und größer werden. Irgendwann bleibt dann nur noch blauer Himmel übrig. In diesem Zustand denkst du an nichts mehr – du schläfst nicht, bist aber vollkommen entspannt." Laut Dave kannst du aber eigentlich überall meditieren: beim Spazierengehen genauso wie beim Surfen. Wichtig ist nur, wirklich an nichts anderes zu denken als an das, was du gerade tust – nicht an die E-Mail, die du noch abschicken musst oder daran, was es heute Abend zu essen gibt. Wer diese Technik beherrscht, wird plötzlich in jeder Lebenslage viel konzentrierter und fokussierter sein – ganz automatisch, einfach so.

SO FUNKTIONIERT'S FÜR ANFÄNGER

Wer Probleme hat, sich seinen Geist als wolkenlosen Himmel vorzustellen, kann mit Atemübungen den gleichen Effekt erzielen. Dazu einfach die Augen schließen und auf die eigene Atmung konzentrieren. Dann still mitzählen: einatmen, ausatmen, 1, einatmen, ausatmen, 2, einatmen, ausatmen, 3... So bis 5 weitermachen und dann wieder bei 1 beginnen. Dein Gehirn wird dabei ständig versuchen, dich mit allen möglichen Gedanken vom Zählen abzuhalten. Also konzentriere dich und zähle weiter.

WAS BRINGT'S

„Wenn ich surfe, dann richte ich meinen Fokus auf nichts anderes als darauf, im Wasser zu sein und zu surfen. Andere, überflüssige oder störende Gedanken tauchen so erst gar nicht in meinem Kopf auf", meint Dave. „Meditation hilft dir, deinen Körper intensiver wahrzunehmen und schärft deine Sinne. Du bist vollkommen auf die Welle vor dir fokussiert, reagierst intuitiv auf sie, surfst sicherer und bist zufriedener." Dave meditiert meistens eine Stunde am Tag, aber auch wer weniger Zeit investiert, wird sehr schnell Fortschritte machen: „Fünf Minuten täglich reichen schon", sagt Dave. „Du wirst merken, wie sich deine mentalen Fähigkeiten verbessern, du klarer denken kannst und zu einem besseren Surfer wirst."

WECKRUF

IN VIER SCHRITTEN ZUM FRÜH-AUFSTEHER, DER KEINE DAWN PATROL MEHR VERPASST

IST-ZUSTAND

Jeden Tag dasselbe Trauerspiel: Der Wecker läutet, während die Sonne aufgeht und die sanfte Offshore-Brise über den Ozean weht. Alle schnappen sich ihre Boards und sprinten über die Düne Richtung Morgensession. Alle? Eher alle außer dir. Denn jeden verdammten Morgen verlierst du deinen Kampf gegen den Schlaf und kriechst erst aus dem Schlafsack, wenn deine Surfbuddys gestoked von der Session des Tages zurückkommen.

ZIEL

Stärker als der Schlaf zu sein und endlich auch bei Sonnenaufgang im Wasser zu sitzen.

GEGENSPIELER

Deine Gene. Denn im Grunde kannst du nichts dafür, wenn du morgens nicht aus dem Bett kommst. Schuld daran ist deine innere Uhr, die von Geburt an in unserer DNA festgelegt ist und bei jedem Menschen anders tickt. Während manche mit nur sechs Stunden Schlaf auskommen und bereits im Morgengrauen Bäume ausreißen könnten, reagieren andere völlig lethargisch auf den frühen Weckruf und laufen erst am späten Nachmittag zur Höchstform auf. Forscher der englischen Universität Surrey haben in einer Studie nun herausgefunden, welches Gen uns zum Langschläfer macht: Per3. Ist es verkürzt, wird deine innere Uhr alles daran setzen, dein Vorhaben, am nächsten Tag noch vor Sonnenaufgang aufzustehen, zu boykottieren.

DIE LÖSUNG

Die eigene DNA auszutricksen ist nicht leicht, aber auch nicht unmöglich. Amerikanischen Forschern gelang das bereits bei Fruchtfliegen, die eine ähnliche biologische Uhr wie wir Menschen haben: Sie töteten einfach die Nervenzellen ab, die dafür verantwortlich waren, dass die Fliegen morgens länger schliefen. Beim Menschen wurde das zwar noch nicht versucht, aber du kannst auch mit weniger drastischen Maßnahmen deine innere Uhr überlisten.

Und so funktioniert's:

SCHRITT 1

Gewöhne dich langsam an die frühe Uhrzeit! Denn nichts ist für den Körper schlimmer, als von einem Tag auf den anderen mit einer oder zwei Stunden weniger Schlaf auszukommen. Besser den Wecker alle zwei Tage 15 bis 20 Minuten früher stellen, so gewöhnt sich dein Körper langsam an die neue Weckzeit. Nach einer Woche hast du dann eine Stunde dazu gewonnen.

SCHRITT 2

Stelle deinen Wecker nach den Schlafphasen! Wissenschaftler wissen schon seit langem, dass wir im Schlaf verschiedene Phasen mit unterschiedlichen Wachheitszuständen durchlaufen. Ein Zyklus dauert etwa 90 Minuten, in denen sich Leicht- und Tiefschlafphasen abwechseln. Besonders leicht fällt das Aufwachen am Ende eines Zyklus. Wer sich also nach sechs bzw. nach siebeneinhalb Stunden Schlaf den Wecker stellt, hat gute Chancen, den perfekten Weckzeitpunkt zu treffen.

SCHRITT 3

Trickse deine innere Uhr aus! Denn einfach früher ins Bett zu gehen, um am nächsten Tag topfit zu sein, hört sich nur in der Theorie gut an. Viel wahrscheinlicher ist es, sich dann ein paar Stunden schlaflos im Bett herumzuwälzen. Denn wer kann schon um neun Uhr abends auf Befehl einschlafen? Mit einem Trick, den einige Schlafforscher empfehlen, kann das allerdings klappen: Sich morgens hellem Licht aussetzen, dann aber ab 15 Uhr eine dunkle Sonnenbrille tragen – so gaukelst du dem Körper vor, dass es zwei Stunden später ist und wirst früher müde.

SCHRITT 4

Get excited! Stell dir vor dem Einschlafen einfach vor, wie du am nächsten Tag über die Düne kommst und vom Offshore perfekt geformte Wellen siehst. Wenn dann im Morgengrauen der Wecker klingelt, rufst du dir genau die gleiche Szene noch mal ins Gedächtnis – wetten, dass der Schlaf dann keine Chance mehr gegen dich hat?

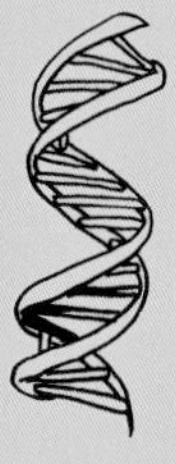

Mehr
wissen

Als Mo Rahma zum ersten Mal einen echten Surfspot sah, dachte er, dass er bereit dafür wäre. Doch mit dieser Annahme lag Mo leider falsch, verdammt falsch. Und das, obwohl er schon die Bewegungsabläufe von so vielen Cutbacks, Stalls und Floatern abgespeichert und diese Manöver vollkommen verinnerlicht hatte. Kurz: Mo konnte surfen. Schließlich hatte er dafür auch genug gezahlt – circa fünf Euro pro Wellenritt. Denn Mo kommt aus Dubai, einem Ort am Meer, an dem es Wellen nur im Winter gibt und der dauert dort nicht länger als zwei Monate. Aber selbst dann reicht der Swell nur an zwei oder drei Tagen pro Monat für eine Surfsession. Daher hat Mos Surfspot auch nichts mit Salzwasser zu tun, sondern mit künstlich erzeugten Wellen in einem Pool mitten in der Wüste: dem Wadi Adventure Wavepool in den Vereinigten Arabischen Emiraten. 25 Euro kostet eine Stunde Surfen hier, immer zu sechst im Pool und eine Welle alle zwei Minuten: 30 Wellen pro Stunde, fünf Wellen pro Surfer, fünf Euro pro Ritt.

Mo ist wahrscheinlich einer der ersten reinen Poolsurfer überhaupt. Oder zumindest war er das, bis er in Sri Lanka zum ersten Mal einem Riff gegenüberstand. „Eine ernüchternde Erfahrung“, wie Mo dem australischen Stab Magazine berichtete: „Da waren 20 Surfer auf der linken Seite, zehn auf der rechten und eine Lücke genau in der Mitte, in der niemand war. Also dachte ich, dass ich genau dahin paddle, wo ich alleine bin. Mann, war das seicht. Dauernd schrammten meine Finnen über die Korallen, aber Korallen waren mir damals noch kein Begriff, und so nahm ich an, dass das ganz normal war – obwohl ich schon meine Zweifel hatte. Als nächstes paddelte ich eine Welle an, merkte, dass sie viel zu steil war, ging over the Falls und holte mir am ganzen Körper Cuts, als ich über das Riff rollte. Ich hatte genug, ging zurück in mein Hotel und verstand dort nicht, was der Typ meinte, als er auf meine Füße zeigte und von Seeigeln redete. ‚Was sind Seeigel?‘, dachte ich nur. Später zog ein Arzt dann 30 Stachel aus meinen Fußsohlen.“

WAS SIND SEEIGEL, DACHTE ICH NUR. SPÄTER ZOG EIN ARZT DANN 30 STACHEL AUS MEINEN FUSSSOHLEN

Aber das ist lange her. Heute fliegt Mo fast jedes Wochenende zum Surfen nach Bali oder zu anderen Weltklassespots. (Der Umstand, dass er für eine Fluglinie arbeitet und Zugriff auf billige Tickets hat, macht die Vielfliegerei um einiges einfacher.) Denn er hat nach dem Surfen nun auch gelernt, sich im Ozean zurechtzufinden, Wellen zu lesen und Seeigeln aus dem Weg zu gehen. Und was lernen wir daraus? Der eigene Wissensstand steht in direkter Relation zum Erfolg deines Surftrips.

Daher: Wissen ist gut, mehr wissen ist besser!

LEISTUNGSTEST

IST SURFEN ANSTRENGENDER ALS FUSSBALL?

„Findet heraus, was Surfer tatsächlich körperlich leisten", lautete der Forschungsauftrag für ein Team der technischen Universität Auckland in Neuseeland. Also suchten die Wissenschaftler 12 Nachwuchsprofis und verkabelten sie bei ihren Heats in einem nationalen Contest mit GPS-Geräten sowie Pulsmessern. Ihre Ergebnisse:

SURFER
(in einem 20-Minuten-Heat)

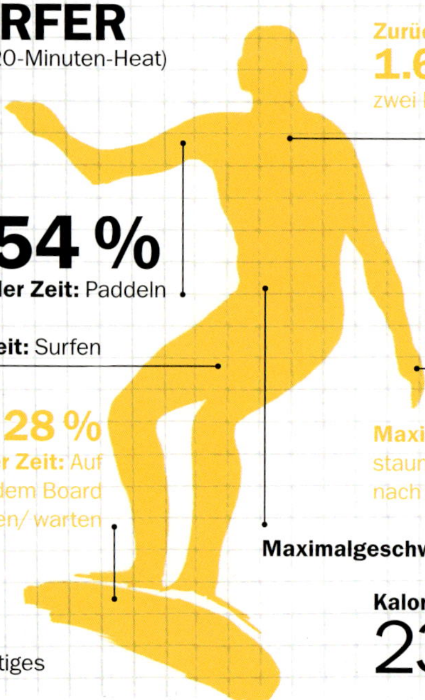

Zurückgelegte Strecke:
1.6 km,
zwei Drittel davon paddelnd

Durchschnittliche Geschwindigkeit:
3.7 km/h beim Paddeln,
33.4 km/h beim Surfen

54 %
der Zeit: Paddeln

8 % der Zeit: Surfen

Durchschnittlicher Puls: 139

28 %
der Zeit: Auf dem Board sitzen/ warten

Maximaler Puls: 190 (erstaunlicherweise immer kurz nach einem Wellenritt)

Maximalgeschwindigkeit: 45 km/h

Kalorienverbrauch:
238 kcal

Restliche Zeit: Sonstiges

Übersetzt in körperliche Belastung bedeutet Surfen: kurze, hochintensive Leistungsspitzen, mit relativ kurzen Erholungsphasen und wiederholten, wenig intensiven Paddeleinheiten in Kombination mit häufigerem Luftanhalten. Wer darauf vorbereitet sein will, sollte trainieren wie Taj Burrow (siehe Seite 82).

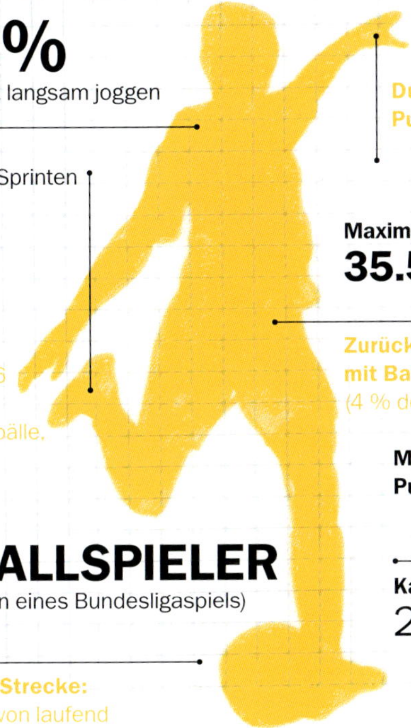

67.8 %
der Zeit: Gehen, langsam joggen

7.5 % der Zeit: Sprinten

24.5 %
der Zeit:
Joggen, laufen

Außerdem: 26.6 Aktionen wie Dribblings, Kopfbälle, Zweikämpfe...

Durchschnittlicher Puls: **170**

Maximalgeschwindigkeit:
35.5 km/h

Zurückgelegte Strecke mit Ball: 92 Meter (4 % der Laufstrecke)

Maximaler Puls: 200

FUSSBALLSPIELER
(in 20 Minuten eines Bundesligaspiels)

Kalorienverbrauch:
288 kcal

Zurückgelegte Strecke:
2.3 km, alles davon laufend

Übersetzt in körperliche Belastung ist Fußball vergleichbar: „mit einer strammen Wanderung, bei der man immer wieder bergauf sprinten muss", wie es der ehemalige DFB-Fitnesscoach Oliver Schmidtlein einmal beschrieb. Oder mit einer Serie von hochintensiven Aktionen im Wechsel mit extrem kurzen Erholungsphasen.

ERGEBNIS

Surfen ist tatsächlich fast so anstrengend wie Fußball, zumindest auf Profiniveau. Schließlich wurden die Daten gesammelt, während die Surfer in ihren Heats um den Sieg kämpften. Das heißt allerdings nicht, dass Surfen für Anfänger weniger anstrengend ist. Zumindest legt das ein anderer Versuch nahe, bei dem 39 Freizeitsurfer aller Könnensstufen bei 60 Sessions ebenfalls mit GPS-Geräten sowie Pulsmessern bestückt wurden. Das Ergebnis ist eindeutig: Je höher das Surflevel, desto weniger mussten die Surfer für ihre Ritte arbeiten, und je niedriger das Level, desto höher waren die Belastungsspitzen.

ABWEHRSCHILD

HELFEN ELEKTROSCHOCKS GEGEN WEISSE HAIE?

Als das Sturmtief Mitte Juni 2014 auf der Wetterkarte erschien, wussten etliche Surfer Südafrikas sofort, welcher Spot drei Tage später „As-Good-As-It-Gets"-Bedingungen sehen würde: J-Bay. Das Tiefdrucksystem 1500 Meilen südwestlich von Südafrika hatte einfach die perfekte Position, um in Jeffreys Bay endlose, lange Tubes zu generieren – und so kam es auch. Klar, dass bei so einer Vorhersage weit über 50 Surfer im Lineup saßen, als plötzlich ein Weißer Hai genau zwischen zwei Surfern auftauchte. Die Reaktion: Innerhalb von Minuten war das Wasser verwaist, der Strand voll und die Surfer dazu verurteilt, eine Setwelle nach der anderen ungeritten über das Riff feuern zu sehen. Zumindest eine halbe Stunde lang.

Dann nahm sich der südafrikanische Big-Wave-Profi Grant „Twiggy" Baker, dem nachweislich kaum etwas auf der Welt Angst einjagen kann, einen Shark-Pod (kurz für: Protective Oceanic Device) und paddelte mutterseelenallein wieder hinaus in den kalten Ozean. Doch war „Twiggy" mit dem Haiabwehrgerät ausgerüstet wirklich zu einhundert Prozent vor einem Angriff geschützt?

So ein Shark-Pod, auch bekannt als Shark Shield, ist ein kleines Gerät, das auf ein Surfboard montiert wird und durch eine Antenne, die wie eine Leash aussieht, ein elektromagnetisches Feld im Wasser rund um den Surfer aufbaut. Haie sollen dadurch so irritiert werden, dass sie abdrehen. 2010 wollte eine australische Forschergruppe herausfinden, wie gut diese Theorie wirklich in der Praxis funktioniert. Zwei Jahre später veröffentlichte sie ihre Ergebnisse:

DER TEST

Um mit Weißen Haien zu arbeiten, machten sich die Forscher nach Südafrika auf. Genauer gesagt in die Gewässer vor Neptune Isle bei Kapstadt, wo eine riesige Robbenkolonie die Haie anlockt. Dort platzierten die Forscher Tunfischköder direkt neben einem Shark-Pod im Wasser. Über 100 Mal führten sie diesen Test durch, wobei bei etwa der Hälfte der Versuche der Shark-Pod aktiviert war.

DAS ERGEBNIS

Es wurden praktisch genauso viele Köder von den Haien gefressen – egal, ob der Shark-Pod an oder aus war. Allerdings hielten die Haie sichtbar mehr Abstand bei aktiviertem Shark-Pod, und es dauerte auch doppelt so lange, bis sie den Köder fraßen. Bei einem zweiten Test, bei dem ein Robbenköder hinter einem Boot durchs Wasser gezogen wurde, brachen bei aktiviertem Shark-Pod einige Haie ihre Angriffe ab. Das elektromagnetische Feld beeinflusst das Verhalten der Haie demnach eindeutig, nur 100-prozentigen Schutz kann das etwa 500 Euro teure Gerät nicht garantieren. Zugegebenermaßen entspricht der Versuchsort nicht gerade dem typischen Aufenthaltsort eines Surfers, und auch ein blutiger Fischköder mag mehr Anziehungskraft haben.

„Twiggy“ wurde bei seiner Solosession auf jeden Fall nicht angegriffen. Er blieb allerdings auch nicht lange alleine. Kaum hatte er ein paar Wellen genommen, konnten die Surfer am Strand nicht mehr widerstehen und paddelten erneut hinaus. Da das elektromagnetische Feld aber nur eine Reichweite von wenigen Metern hat, dürfte „Twiggys“ Shark-Pod dabei keinesfalls im gesamten Lineup für Sicherheit gesorgt haben.

PRODUKTTEST

WAS SCHLÄGT HAIE WIRKLICH IN DIE FLUCHT? UNSER EXPERTE* HAT VIER ANTI-SHARK-GERÄTE UNTER DIE LUPE GENOMMEN:

SHARK SHIELD

So funktioniert's: Eine Art Antenne wird am Tail des Surfboards befestigt und sendet elektrische Impulse aus. Nähert sich der Hai dem Surfer, werden seine Sinnesorgane davon so überreizt, dass ihm Neugier und Appetit vergehen.

Das sagt der Experte: „Haie verfügen an ihrer Schnauze über sogenannte Lorenzinische Ampullen: Dieses Sinnesorgan kann selbst schwächste elektrische Impulse, wie etwa den Herzschlag eines Beutetiers, wahrnehmen. In Versuchen mit solchen Geräten ließen sich Bullenhaie, Weiße Haie und Tigerhaie durchaus abschrecken. Ein möglicher Grund dafür: Angriffe sind für Haie sehr energieaufwändig. Nehmen sie in der Umgebung der vermeintlichen Beute ungewohnte Sinneseindrücke wahr, sehen sie von einem Angriff vielleicht eher ab, wenn die Aussicht auf Erfolg geringer ist. Die Tests zeigten aber auch, dass viele Haie unterschiedlich reagierten – und sich nicht jeder Hai von ein paar „Stromschlägen" in die Flucht schlagen ließ."

SHARKBANZ

So funktioniert's: Ein Magnetarmband soll den Hai in die Flucht schlagen. Der Hersteller empfiehlt, an jedem Fußknöchel ein SharkBanz zu tragen – nach dem Motto: Mehr hilft auch mehr.

Das sagt der Experte: „Auch Magnetfelder können die Lorenzinischen Ampullen eines Hais überreizen und ihn so irritieren, dass er abdreht. Tests haben gezeigt, dass viele Haiarten mit Magneten versehene Köder nicht angriffen und in einer Entfernung von etwa einem halben Meter abdrehten. Der Vorschlag, mehrere SharkBanz zu tragen, ist eine geniale Marketingidee und inhaltlich nicht falsch, da die Kombination von Magneten das magnetische Feld vergrößert. Ob das ausreicht, um einen interessierten Hai, der mit hoher Geschwindigkeit zum Testbiss ansetzt, abzuhalten, ist fraglich. Aber immerhin wirbt der Hersteller mit einem nicht unerheblichen Effekt: ‚SharkBanz add peace of mind to the everyday ocean surf'. Und darum geht's doch eigentlich, oder?"

SHARK ATTACK MITIGATION SYSTEM (SAMS)

So funktioniert's: Ein Wetsuit oder Surfboard-Sticker mit schwarz-weißem Streifenmuster sollen dem Hai vorgaukeln, du wärst ein Pilotfisch oder eine giftige Seeschlange – beide stehen nämlich nicht auf seinem Speiseplan. Die perfekte Tarnung!

Das sagt der Experte: „Wohl kaum. Der Pilotfisch wird deshalb nicht gefressen, weil er mit den großen Haien in einer Art Symbiose lebt. Er profitiert vom Schutz des Raubtieres und befreit ihn im Gegenzug von Parasiten. Das reicht als Schutz für den Pilotfisch vollkommen aus, dafür braucht er keine weißen Streifen. Außerdem gibt es viele ähnlich gestreifte Fischarten, die durchaus auf dem Speiseplan einiger Haiarten stehen! Und die Theorie mit der Seeschlange? Nicht sehr überzeugend, denn zum einen können Haie durchaus zwischen potentieller Beute und anderen Objekten, wie etwa einem Surfer, unterscheiden – da fallen sie auch auf eine 1.80 Meter große „Seeschlange" nicht herein. Zum anderen würde ich nicht darauf wetten, dass ein Bullenhai im Atlantik eine giftige, schwarz-weiß gestreifte Seeschlange kennt, die eigentlich nur im Indopazifik vorkommt."

SHARKSTOPPER

So funktioniert's: Das Gerät für den Fußknöchel sendet ein akustisches Signal aus, das äußerst unangenehm für Haie ist: eine Mischung aus einem Jagdruf des Orcas, der als Hairäuber bekannt ist, und einer speziellen Frequenz, die unter anderem Weiße Haie, Bullenhaie und Tigerhaie vertreiben soll.

Das sagt der Experte: „Es stimmt, dass sich Haie von bestimmten Geräuschen verjagen lassen. Allerdings nur, wenn diese plötzlich und unerwartet kommen. Studien haben gezeigt, dass sich Haie sehr schnell selbst an unangenehme Töne gewöhnen – ein wirksames akustisches Hai-Abwehrgerät dürfte demnach auf keinen Fall dauerhaft Geräusche abgeben, genau das tut der SharkStopper aber. Und was passiert, wenn eine Schule Orcas in der Nähe ist, die dann den Jagdruf von fremden Orcas hört, will ich lieber nicht wissen..."

Fazit: „DAS Abwehrmittel gegen Haie gibt es nicht! Aber vielleicht rücken folgende Zahlen das Bild vom „gefährlichen Raubtier" etwas gerade: Jedes Jahr sterben zwischen 73 und 200 Millionen Haie als Folge gezielter Fischerei oder als Beifang, aber durchschnittlich „nur" etwa sechs Menschen durch Haiangriffe. Bleibt die Frage, wer nun eigentlich vor wem geschützt werden muss?"

* Dr. Matthias Schaber forscht als Meeres- und Fischereibiologe am Thünen-Institut für Seefischerei in Hamburg und setzt sich als Politikberater unter anderem für den Schutz von Haien ein. Beim Surfen ist ihm bisher erst ein Riesenhai begegnet – der gehört zwar zur gleichen Familie wie der Weiße Hai, ist aber völlig harmlos.

SCHLUSSRITT

WARUM DU AUF DEINER LETZTEN WELLE NICHT STÜRZEN SOLLST!

DIE SITUATION

Es war der 19. Dezember 1994, als der damals erst 16-jährige Jay Moriarity genau in dem Moment im Lineup von Mavericks ankam, als sich ein heranrollendes Set aus dem Meer erhob. Jay zögerte keinen Augenblick, drehte sein Board herum und paddelte in die 40-Fuß-Wand aus Wasser. Eine Szene wie aus einem Film und genau dazu wurde sie, als Jay Moriaritys Leben von Hollywood zu dem Streifen „Mavericks" verarbeitet wurde. Wer den Film gesehen hat, weiß auch, wie die Szene weitergeht: Jay stürzt aus der Lippe zehn Meter in die Tiefe, wird von der Welle verschlungen, auf das Riff gepresst und lange unter Wasser gehalten. Doch genau wie in dem Kinofilm zu sehen, paddelte auch der echte Jay sofort wieder in den Lineup und wollte unbedingt noch eine Welle reiten.

DIE FRAGE

War das wirklich eine gute Idee? Hätte Jay nicht besser nach Hause gehen, den Rest des Tages auf der Couch verbringen und so seine Energiespeicher wieder für den nächsten Tag auffüllen sollen?

DIE ANTWORT

Eine Frage, die uns zu einem Versuchsaufbau mit 20 Studenten, blauen Quadraten und einer Menge Stromschlägen führt. Dabei wurde den Studenten immer ein schwacher Stromschlag verpasst, sobald ein blaues Quadrat auf einem Bildschirm vor ihnen erschien. Stundenlang ging das so, und es dauerte nicht lange, bis die Studenten schon beim Anblick des blauen Quadrats einen höheren Puls bekamen und zu schwitzen begannen. Kurz: Sie spürten Angst.

Früher wären Neurowissenschaftler davon ausgegangen, dass die Studenten nun bis zum Ende ihrer Tage Angst vor blauen Quadraten haben würden. Schließlich hatten sich die Stromschläge in Verbindung mit den blauen Quadraten tief in ihr Gedächtnis eingegraben. Seit Ende der 90er Jahre ist diese Sichtweise aber veraltet. Heute ist bekannt, dass unsere Erinnerungen nicht wie in Stein gemeißelt bis in alle Ewigkeit im Gehirn abgespeichert werden. Vielmehr sind wir in der Lage, Erinnerungen zu verändern und damit auch die Gefühle, die sie auslösen. Das geschieht jedes Mal ganz automatisch, wenn wir sie aus unserem Gedächtnis hervorkramen – uns also an einen bestimmten Moment, Tag oder ein furchteinflößendes blaues Quadrat erinnern.

Den Beweis dazu bringt der zweite Teil des Versuchs. Dabei wurden den Studenten wieder blaue Quadrate gezeigt, allerdings ohne ihnen Stromschläge zu verpassen. Zu Beginn zeigten sie noch Angstreaktionen, doch nach einiger Zeit wurden die Reaktionen immer schwächer und verschwanden schließlich ganz. Die Angst vor den blauen Quadraten war wie weggeblasen und zwar für immer. Auch ein Jahr nach dem Versuch lösten blaue Quadrate bei den Studenten keine Angstreaktion mehr aus. Entscheidend für den Erfolg ist allerdings das richtige Timing. Denn Erinnerungen sind in einem Zeitfenster von circa sechs Stunden leichter formbar als danach. Tatsächlich wurden auch nicht alle Studenten komplett von ihrer Angst geheilt: Bei einem Teil der Gruppe ließ man bewusst mehr als sechs Stunden zwischen der Angst-Gewöhnung durch Stromschläge und der Angst-Entwöhnung durch blaue Quadrate ohne Elektroschocks verstreichen. Zwar wurden ihre Angstreaktionen schwächer, aber selbst nach einem Jahr erhöhte sich ihr Puls noch leicht beim Anblick eines blauen Quadrats.

Nun aber zurück zum Surfen: Bekommst du zum Beispiel von einer großen Welle den Waschgang deines Lebens verpasst, wirst du dir das merken. Wenn dir dann das nächste Mal eine Welle dieser Größe begegnet, wirst du dich an den Waschgang erinnern und wahrscheinlich so etwas wie Angst spüren. Schlechte Voraussetzungen in Bezug auf deine Surf-Performance. Falls du aber nach dem Waschgang noch eine Welle abreitest, veränderst du die Gefühle, die dein Gehirn mit großen Wellen verbindet: Statt Angst vor dem Waschgang, spürst du plötzlich Vorfreude, diese Wand aus Wasser hinabzurasen. Daher gibt es keinen besseren Rat, als nach einem Wipeout noch wenigstens eine Welle zu surfen und das am besten sofort oder zumindest innerhalb der nächsten sechs Stunden.

UNFALLPROTOKOLL

SURFEN TUT WEH, DOCH WEM, WANN UND WIE GENAU?

WEN TRIFFT'S WANN?

Das Royal Cornwall Hospital wollte herausfinden, welche Verletzungen Surfer in Cornwall erleiden und analysierte alle Fälle (insgesamt 212) ihrer Notaufnahme von September 2004 bis August 2006. Unter anderem weiß man nun auch, wen es am häufigsten erwischt und wann es am gefährlichsten ist.

WANN PASSIERT'S?

77 % Prozent im Sommer (April bis September), 23 % im Winter (Oktober bis März)

Gefährlichster Monat: August mit dem Spitzenwert von 33 %

WEN TRIFFT'S?

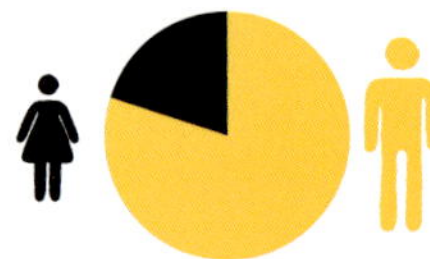

80 % Männer,
20 % Frauen

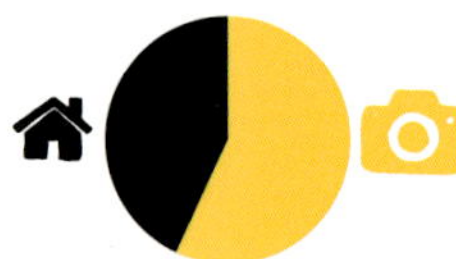

57 % Touristen,
43 % Locals

WAS PASSIERT WO?

Eine weitere Studie aus England hatte das Ziel, die häufigsten Verletzungsmuster unter Surfern zu ermitteln und erfolgte 2012 durch eine Befragung von 50 englischen Surfclubs. 130 Surfer haben mitgemacht.

WAS PASSIERT?

31 % Schnittverletzungen & Platzwunden
24 % Prellungen & Blutergüsse
15 % Bänderzerrungen & Verstauchungen
15 % Bänder- & Muskelrisse
5 % Gehirnerschütterungen
3 % Brüche
1 % ausgeschlagene Zähne

WAS ERWISCHT'S?

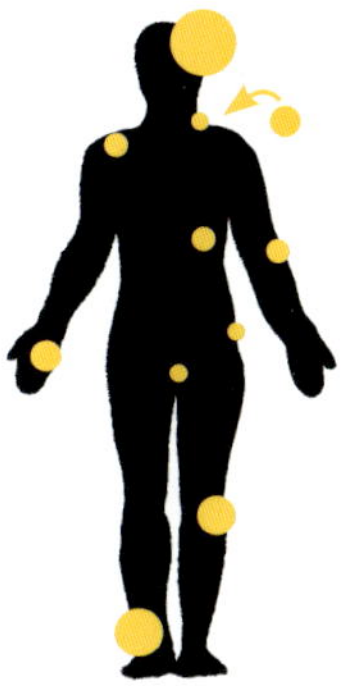

24 % Kopf
19 % Knöchel
13 % Knie
10 % Rücken
9 % Hände
7 % Ellbogen & Schulter
7 % Oberkörper
4 % Nacken
4 % Hüften
3 % Genitalien

WAS IST SCHULD?

In Neuseeland wurde durch eine Analyse aller Lifeguard-Einsätze in den Sommermonaten der Jahre 2007 bis 2012 (insgesamt 8437) außerdem gezeigt, was die häufigsten Ursachen für Surfverletzungen sind.

50 %
Kollision mit dem eigenen Board

21 %
Kollision mit Riff, Felsen, Grund

6 %
Kollision mit fremdem Board

6 %
Stiche & Reizungen durch Meerestiere

4 %
Wipeout

Rest: Erschöpfung, Muskelkrämpfe

WIE GEFÄHRLICH IST WAS?

Eine Online-Befragung in Australien von 2012 bis 2013, an der sich 1348 Surfer beteiligten, zeigte außerdem, welche Manöver beim Surfen – also ohne Verletzungen durch Kollisionen – am verletzungsträchtigsten sind. Das Ergebnis überrascht.

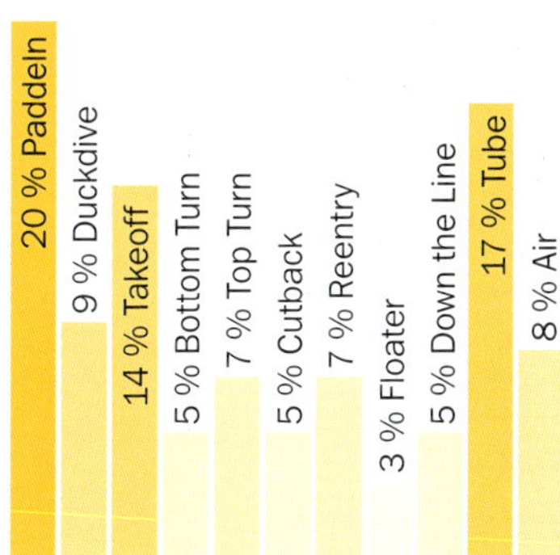

SURFTRIP-KNIGGE

WARUM GUTE MANIEREN SCHMERZEN ERSPAREN

Freunde existieren nicht für dich, wenn der Offshore bläst? Wellen teilen sollen lieber die anderen? Klingt, als ob du die Surftrip-Spaßbremse bist, die beim Surfen allen auf die Nerven geht. Egal, sagst du, schließlich lebt man nur einmal! Vielleicht ändert folgende Geschichte deine Meinung...

VASELINE IN FIDSCHI

Eine Anekdote aus den 80er Jahren, über die Philip Leadley im australischen Surfmag Tracks schrieb. Der Plan klang verlockend: ein paar Freunde aus Australien, Flugtickets nach Fidschi, eine Unterkunft und ein Boot, um jeden Tag zu den Riffen zu fahren. Doch dann schlossen sich noch ein paar Jungs der Surfcrew an. Darunter einer, den keiner richtig kannte, sie nannten ihn Slim Jim. Und der tat wirklich nichts, um sich in die Gruppe zu integrieren. Im Gegenteil: Er vertrat die Ansicht, dass alle Setwellen ihm zustehen und versuchte, dieses Anrecht ohne Rücksicht auf Verluste durchzusetzen. So begann es langsam in der Gruppe zu brodeln, bis der Druck schließlich zu groß wurde...

Es geschah auf der Bootstour raus zu einer Welle, die wie Cloudbreaks brach. Slim Jim sonnte sich auf dem Deck, als die Jungs sich sein Board vornahmen: Das Wachs bekam eine Vaselineschicht verpasst, auf der man bei einem Takeoff so viel Halt findet wie auf nassem Kachelboden. Außerdem lockerten sie den Knoten am Ende seiner Leash, so dass sich sein Board beim ersten Wipeout verabschieden würde. Er würde erst lange in der Impact Zone schwimmen, dann noch länger auf dem trockenen Riff herumklettern und schließlich endlos lange zurück in den Lineup paddeln müssen. Die Jungs freuten sich wie die Schneekönige. Zumindest für einen Moment, dann bekamen sie Angst.

„Today very solid", sagte der Skipper, und er hatte recht. Statt der kopfhohen Wellen der letzten Tage, erwarteten sie Wasserwände von drei Metern und mehr. Wellen mit dem Potential, echte Schmerzen zu produzieren. Sie hätten Slim Jim warnen können, aber sie taten es nicht. So kam es, dass er in eine solide Setwelle paddelte, während alle Augen auf ihn gerichtet waren. Slim Jim sprang auf und verschwand im selben Augenblick aus dem Sichtfeld. Niemand sah, was geschah, aber kurz darauf flog sein Board meterhoch aus der Gischt – ohne Leash, einsam und alleine. Er selbst muss die Wut des Ozeans mit voller Wucht zu spüren bekommen haben. Zurück in den Lineup kam Slim Jim nicht mehr, er kraulte verzweifelt Richtung Channel, während eine Walze nach der anderen heranrollte und drohte, ihn auf die scharfen Korallen zu pressen. Irgendwie war er danach nicht mehr derselbe.

Also sei lieber nett und ende nicht wie Slim Jim. Allerdings gilt das auch gegenüber völlig Fremden, wie eine Geschichte aus Madeira beweist.

RASIERKLINGEN AUF MADEIRA

Die Gruppe spanischer Surfer war schon ein paar Tage auf Madeira und hatte gute Wellen gehabt. Das war noch vor der neuen Uferbefestigung, als Jardim do Mar, der bekannteste Spot der Insel, in altem Glanz brach. Zu voll war es hier im Wasser aber eigentlich nie. Ist Jardim do Mar doch ein echter Big-Wave-Spot, der Fehler gnadenlos bestraft und sich nur von guten Surfern bezwingen lässt. Daher weiß auch niemand, wie es zu dem Drop-In kam. Vielleicht hatte der Spanier den jungen Local einfach übersehen, vielleicht wollte er die Welle aber auch nur unbedingt. Auf jeden Fall war der Spanier schuld, dass der Local gewaschen und beinahe von den Weißwasserlawinen am Ufer zermalmt wurde. Die Spanier kümmerten sich nicht weiter um den Vorfall, der Bruder des Locals dagegen schon. Ein Typ mit einer düsteren Vergangenheit. Es heißt, dass er sein Geld mit Drogen oder Waffen irgendwo in Kolumbien gemacht und sich nun wieder nach Madeira zurückgezogen hatte.

Es war mitten in der Nacht und stockfinster, als er auf den Balkon des Appartements der Spanier kletterte, wo die Guns feinsäuberlich an der Wand lehnten. Er nahm eine Rasierklinge und schnitt jede Leash vorsichtig so weit ein, dass sie beim ersten Wipeout reißen würde. Das Todesurteil für jedes Board. Denn in Jardim do Mar besteht das Ufer aus einem fiesen Shorebreak, der sich auf mächtigen Grantitblöcken entlädt. Fiberglas wird hier im Handumdrehen atomisiert. Der Zufall wollte es, dass die drei Spanier am nächsten Morgen nebeneinander im Lineup saßen, als ein Freakset vor ihnen brach. Sie warfen ihre Boards weg, tauchten ab und waren Minuten später um drei Guns ärmer. Was genau passiert ist, haben sie wahrscheinlich nie verstanden.

SIE KÜMMERTEN SICH NICHT WEITER UM DEN VORFALL, DER BRUDER DES LOCALS ABER SCHON

BRUCHTHEORIE

DER ENGLISCHE SHAPER DAVE KINGDON SAH IN SEINEM LEBEN SCHON MEHR GEBROCHENE BOARDS, ALS IN EINEM LKW-CONTAINER PLATZ FINDEN UND WEISS GENAU, WAS EIN SURFBRETT AUSHÄLT UND WAS NICHT.

WANN BRICHT EIN BOARD?

„Das typischste Szenario ist, dass die Wellenlippe wie eine Guillotine auf das Board niedergeht. Das passiert, wenn du eine Welle hinabsurfst, dich dann beim Bottom Turn verschätzt, der Lippe nicht entkommst und die mit voller Wucht auf dein Board kracht. Oder beim Rauspaddeln, wenn dein Board zur falschen Zeit am falschen Ort ist, also genau da, wo die Lippe einschlägt. Das gesamte Gewicht der Wellenlippe drückt dann auf wenige Zentimeter deines Boards, biegt es durch und bricht es schließlich. Ein Surfboard ist ja nicht starr wie eine Eisenbahnschiene, sondern flext ein wenig, aber eben nur bis zu einem bestimmten Punkt. Oft brechen Boards auch, wenn sie vom Weißwasser mitgerissen werden und sich mit Nose oder Tail am Grund verhaken, während die Walze weiter gegen den Rest des Boards drückt."

WAS KANN MAN TUN?

„Du kannst nie vorhersehen, wann ein Board brechen könnte. Einen Tag surfst du große Wellen, wirst gewaschen, bekommst die dicksten Lippen um die Ohren gehauen, und dann bricht dein Board am nächsten Tag in Miniwellen. Das einzige, was du vermeiden kannst, ist dein Board wegzuwerfen, anstatt einen Duckdive zu machen. Denn wenn du es wegwirfst, liegt es nicht mehr in deiner Hand. Duckdiven ist immer besser, selbst wenn du nur die Nose unter Wasser bekommst oder dir das Board von der Walze beim Tauchen aus den Händen gerissen wird. Dann bist du nämlich schon zum Teil unter der Welle durch, und die Chancen auf einen Boardbruch fallen geringer aus."

SHORTBOARD VS. LONGBOARD

„Shortboards haben weniger Volumen und Flex, einen schmalen Stringer, sind dünner laminiert und brechen häufiger – meist an größeren Tagen, wenn du genau am falschen Ort auf der Welle oder im Lineup bist. Longboards werden beim Rauspaddeln öfter weggeworfen, dafür aber meistens eher im flachen Teil der Welle gesurft. Außerdem sind sie dick laminiert und haben dicke Stringer, aber wenn du ein Longboard auf einer hüfthohen Welle in die falsche Position bringst, wird es brechen. Longboards brechen immer bei den dümmsten Unfällen, viel eher als an einem großen Tag. Du surfst zu weit in zu seichtes Wasser, stürzt, das Board wird in den Sand gerammt und die Welle bricht es wie einen Zahnstocher."

EPOXY VS. POLYESTER

„Es gibt kein Surfboard, das bruchsicher ist. Epoxy-Boards sind härter und dadurch steifer, sie lassen sich nur bis zu einem bestimmten Punkt flexen. Werden sie weiter gebogen, explodieren sie regelrecht. Polyester-Boards sind weicher und lassen sich etwas weiter durchbiegen. Sie springen dann wieder in die Ausgangsposition zurück, ohne zu brechen. Allerdings bleiben oft Stresslinien zurück, die man mit bloßen Augen erkennen kann. An so einer Stelle ist das Board dann geschwächt und bricht leichter."

REPARATUR VS. NEUES BOARD

„Man kann gebrochene Boards reparieren und danach auf jeden Fall wieder surfen, aber so ein Board wird nicht mehr dasselbe sein wie zuvor. Durch die Reparatur wird der gesamte Flex verändert, denn an der ehemaligen Bruchstelle entsteht eine Art Versteifung. Oft brechen deshalb einmal gesnappte Boards nach einiger Zeit auch wieder genau vor oder hinter der Reparaturstelle. Manchmal sollte man einfach akzeptieren, dass es vorbei ist."

GRUPPENZWANG

WARUM DU DINGE TUST, AUF DIE DU KEINE LUST HAST

ALLE MACHEN, WAS KEINER WILL

Situation: Die Tagesetappe eures Roadtrips entlang der französischen Atlantikküste endet direkt hinter einer Sanddüne. Wellen gibt es, aber sie sehen nicht besonders gut aus. Einer von euch will dennoch surfen, der andere Kumpel direkt zur nächsten Bar und du am liebsten nur ein wenig am Strand chillen. Einer erwähnt noch, dass vielleicht ein anderer Spot besser läuft, und tatsächlich verbringt ihr die nächsten zwei Stunden im Auto beim Checken fünf weiterer Spots – ohne Lust dazu zu haben und ohne Erfolg übrigens.

Erklärung: Ihr seid Opfer des Abilene-Paradox geworden, das in der Sozialpsychologie durch eine Anekdote in den 70er Jahren entdeckt wurde. Damals machte sich eine vierköpfige Familie zum Dinner in die über 70 Kilometer entfernte Nachbarstadt namens Abilene auf, obwohl eigentlich jeder Einzelne der vier lieber zu Hause geblieben wäre. Grund dafür war, dass jedes Familienmitglied dachte, dass die anderen drei gerne fahren würden. Also behielten sie ihre Meinung lieber für sich, um nicht als Spielverderber zu gelten. Psychologen erklären dieses Phänomen damit, dass sich Einzelne in einer Gruppe nur ungern gegen die vorherrschende Gruppenmeinung stellen. Das Gegenmittel heißt Kommunikation.

ALLE MACHEN, WAS KEINER KANN

Situation: Supertubos bei Peniche bricht hohl und rund. Praktisch vertikal türmen sich die grünen Wasserwände auf, bevor sie ihre Lippe weit nach vorne werfen und den Surfern nur einen kurzen Bruchteil einer Sekunde für ihren Takeoff geben. Ihr habt in eurem Surferleben schon mal in eine kleine Barrel geschaut, aber solch brutale Brecher sind euch bisher nur in Videos begegnet. Kurz zusammengefasst: Die Wellen sind einfach zu heftig für euch und insgeheim wisst ihr das auch. 20 Minuten später sitzt ihr trotzdem nebeneinander im Lineup. Weitere 20 Minuten später hofft ihr, nur irgendwann wieder in einem Stück ans Ufer zu kommen.

Erklärung: In den USA nennen es Psychologen „Group Polarization", wenn eine Gruppe gemeinsam riskantere oder extremere Entscheidungen fällt, als

es jedes einzelne Mitglied der Gruppe selbst tun würde. Gezeigt hat sich dieses Phänomen schon in einer Studie an amerikanischen Bundesgerichten in den 70er Jahren. Damals belegten Forscher, dass in etwa 30 Prozent der Verhandlungen ein extremes Urteil gefällt wird, wenn ein Richter alleine entscheidet. Urteilten die Richter allerdings in einer Dreiergruppe, endeten 65 Prozent mit einer extremen Entscheidung. Erklärungsmodelle gehen dahin, dass in Gruppen ein Gefühl von Stärke oder Unverwundbarkeit aufkommen kann, das individuelle Bedenken überstrahlt, oder dass Menschen ein geteiltes Risiko eben geringer erscheint. In Bezug auf eine Session in Supertubos hilft dir das natürlich nichts, sobald das erste Set auf dich zurollt. Oft ist eben niemand dümmer als wir alle zusammen.

ALLE STREITEN UND KEINER WEISS WARUM

Situation: Der Indische Ozean liegt flach da wie ein See. Seit genau fünf Tagen geht das so, seitdem ihr vom Flughafen direkt auf das Surfari-Boot gekommen seid. Mit viel habt ihr auf diesem Malediventrip gerechnet, aber nicht damit, keine Wellen zu finden. An Bord gibt es nichts zu tun, Kleinigkeiten beginnen auf die Nerven zu gehen, eines Abends gibt ein Wort das andere, es wird laut, und am nächsten Morgen herrscht eisiges Schweigen – und das, obwohl ihr beim Abflug die besten Freunde wart.

Erklärung: Ein ganzes Heer an Forschern beschäftigt sich mit den Auswirkungen von Langweile auf den Menschen. Grund ist der geplante Marsflug um 2030. Denn die Reise wird über 200 Tage dauern, während der die Astronauten weder viel zu tun haben, noch sich auf dem engen Raum aus dem Weg gehen können. Eine Kombination mit Gefahrenpotential, wie sich 1999 zeigte. Damals simulierten Forscher in Moskau den Marsflug, indem sie Astronauten 240 Tage in ein nachgebautes Raumschiff steckten: Spannungen eskalierten, Fäuste flogen, Blut spritzte. Langweile wirkt auf das Gehirn laut einiger Wissenschafter eben ähnlich wie Überlastung und erzeugt Stress. Je länger es dauert, desto verzweifelter suchen wir nach neuen Reizen, selbst wenn wir dazu einen Streit vom Zaun brechen. Einziges Gegenmittel: Beschäftigungstherapie. Das geht soweit, dass isolierte Forschergruppen in den Stationen der Antarktis Filme oder Theaterstücke nachspielen, um die Monotonie zu durchbrechen.

ZEICHENSPRACHE

DIE FALSCHE GESTE AM FALSCHEN ORT KANN DICH SCHNELLER IN SCHWIERIGKEITEN BRINGEN, ALS DU „MISSVERSTÄNDNIS“ RUFEN KANNST

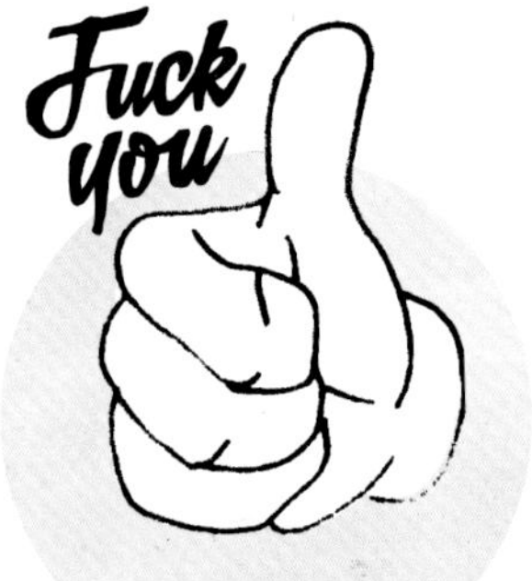

An einem Heavy-Local-Spot rast der älteste und unfreundlichste Surfer direkt vor dir durch eine perfekte Barrel. Was für ein Ritt! Als er wieder zurück in den Lineup paddelt, zeigst du ihm kurz „Thumps Up“ als Zeichen deiner Anerkennung. Leider bist du aber in Marokko und dort entspricht der nach oben gestreckte Daumen in etwa einem ausgestreckten Mittelfinger. Die Reaktion kannst du dir vorstellen. Das gleiche gilt übrigens auch für Senegal oder Indonesien. Es gibt sogar noch eine Steigerung: Wenn ein Einheimischer auf den Philippinen den Daumen neben seinem Kopf schwenkt und dich dabei anguckt, bist du alles, nur nicht willkommen.

Du hast dich irgendwo in der Pampa verfahren, willst in einem kleinen Dorf nach dem Weg fragen und winkst einen Einheimischen mit dem Zeigefinger zu dir. Keine gute Idee, denn du bist auf den Philippinen unterwegs und hier ist der sogenannte „Dog Call“ eine der schlimmsten Beleidigungen überhaupt. Wenn du Glück hast, fühlt sich der Angesprochene lediglich gekränkt, aber du kannst dafür auch im Gefängnis landen. Und wenn du richtig Pech hast, wird dir davor noch der Finger gebrochen... Auch unter Japanern gilt diese Geste als schlimme Beleidigung, die reagieren aber meist nicht so rabiat.

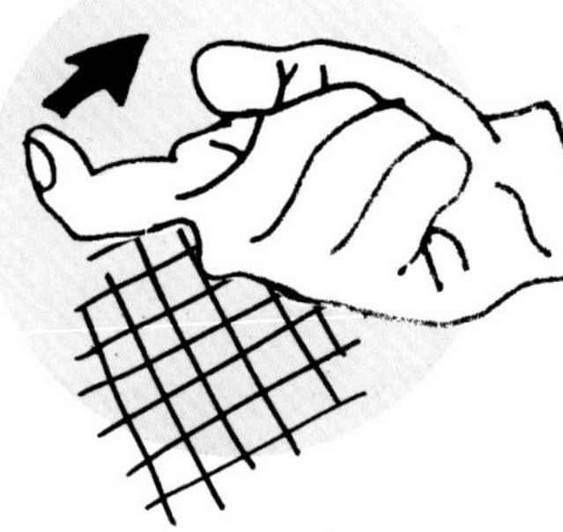

Nach einem heftigen Wipeout bist du zurück im Lineup, wo dich einer der Surfer mit „Alles klar?“ begrüßt. Du bist aber völlig außer Atem und zeigst ihm daher einfach das Okay-Zeichen, das auch Taucher benutzen. In Brasilien und Frankreich könnte das im wahrsten Sinne des Wortes ins Auge gehen und mit einem Veilchen für dich enden: Dieses Handzeichen steht hier für „Anus“ und zeigt deinem Gegenüber, was du wirklich von ihm hältst. In Japan hingegen würde dich ein Local einfach nur für unhöflich halten, weil du ihn um Geld bittest.

Du gerätst irgendwo in Afrika in eine Polizeikontrolle und willst klarmachen, dass du weder Waffen bei dir trägst, noch sonst irgendwelche Probleme machen wirst. Dummerweise tust du das aber mit erhobenen Handflächen sowie gespreizten Fingern und als nächstes wird dir ein Gewehrkolben in den Magen gerammt. Denn in Pakistan und Afrika heißt diese Geste freundlich übersetzt: Dein Gegenüber soll verschwinden. Die direkte Übersetzung lautet eher: „Eat Shit!“

Ein feucht-fröhlicher Abend in einer Bar, du lernst eine echte Granate kennen, doch nach ein paar Minuten kommt ihr eifersüchtiger Freund dazu. Du verabschiedest dich mit einem lässigen „Rock On“-Gruß und willst verschwinden, da wirst du an den Schultern gepackt und nach draußen gezerrt, um die Angelegenheit unter Männern zu regeln. Was ist passiert? In Kolumbien, Brasilien, Portugal und Spanien bedeutet diese Geste soviel wie „Jemandem die Hörner aufsetzen“, und du hast dem Typen gerade gestanden, eine Affäre mit seiner Freundin zu haben.

TRAUMSCHIFF

MIT DEM EIGENEN BOOT AUF WELLENJAGD GEHEN UND DIE CROWDS HINTER SICH LASSEN. DER ÖSTERREICHER KLAUS B. HAT SICH DIESEN TRAUM ERFÜLLT UND ZWAR SO:

VOM SURFLEHRER ZUM SKIPPER

„Ich habe ganz klassisch als Surflehrer in einem Camp auf Bali angefangen. Dann kam der Zufall ins Spiel, als mein Chef ein traditionelles indonesisches Motorsegelboot kaufte, um Surfchartertrips anzubieten. Er schlug mir den Job als Skipper vor, und ich machte innerhalb weniger Monate meinen Segelschein für den Fahrtenbereich 3 – damit darf ich Jachten bis zu 200 Seemeilen von der Küste entfernt führen. Nach bestandener Prüfung wurde ich sofort ins kalte Wasser geschmissen und ging als Skipper auf meinen ersten Trip. Eine ganz schöne Herausforderung, denn ich musste mich nicht nur um das Boot, die Gäste und die Reiseroute kümmern, sondern gleichzeitig auch noch Kochen und Indonesisch lernen. Reich wird man als Skipper nicht, denn mehr als 100 Euro pro Tag verdient eigentlich niemand, aber dafür kommt man viel zum Surfen. Wobei ich natürlich immer Rücksicht auf die Gäste nehme, ihnen keine Wellen wegschnappe oder aus dem Wasser gehe, wenn es zu voll wird. Früher habe ich von April bis Oktober fast nonstop auf dem Boot gearbeitet, heute mache ich pro Saison nur noch wenige Trips. Zum einen, weil der Job sehr anstrengend und emotional auslaugend ist, zum anderen weil ich mittlerweile mein eigenes Boot besitze."

VOM SKIPPER ZUM BOOTSBESITZER

„Ein eigenes Boot war schon immer mein Traum, und als mir ein Freund anbot, mit ihm gemeinsam einen gebrauchten Katamaran in Südafrika zu kaufen, zögerte ich nicht lange. Alleine hätte keiner von uns die 50.000 Euro aufbringen können, aber so waren wir plötzlich stolze Bootsbesitzer. Doch noch waren wir nicht am Ziel, der Katamaran musste erst noch in Containern von Kapstadt nach Darwin transportiert werden, Kosten: etwa 7000 Euro. In Australien angekommen, kamen noch Gebühren für den Kran dazu, den wir brauchten, um den Mast aufzustellen und den Katamaran ins Wasser zu heben, plus diverse Gebühren und Reparaturkosten. Bevor wir das erste Mal in See stachen, hatten wir mehr als 70.000 Euro bezahlt. Leider war es damit aber nicht getan: Jedes Jahr kommen Instandhaltungskosten hinzu – zwischen fünf und zehn

Prozent des Kaufpreises. Dieses Jahr brauche ich beispielsweise neue Segel und rechne mit 8000 bis 10.000 Euro. Meinem Freund ist es mittlerweile zu teuer geworden, er ist aus dem Projekt ausgestiegen."

VOM BOOTSBESITZER ZUM SURFCHARTERKAPITÄN

„Wenn ich in den Wintermonaten nicht als Bergführer in Österreich arbeiten würde, könnte ich mir das Boot gar nicht leisten. Geld verdiene ich damit auf jeden Fall nicht, ich sehe es eher als Hobby, das sich selbst finanziert. Ich segle aber auch nur mit Freunden oder Leuten, die ich gut kenne. Die Kosten für Essen, Benzin und ein indonesisches Crewmitglied teilen wir uns dann. Trotzdem muss ich jedes Jahr noch ein paar tausend Euro drauflegen. Aber die Aussicht auf Abenteuer und gute Wellen ist es mir wert. Von April bis November bin ich östlich von Bali unterwegs und steuere die Breaks rund um Lombok, Sumbawa, Sumba bis hin nach Timor an. Natürlich gibt es einige Spots, an denen es von Surfcharterbooten nur so wimmelt und die man besser meiden oder zu einer anderen Zeit anfahren sollte. Aber es gibt da draußen unzählige andere gute Wellen, die selten bis nie gesurft werden und in keinem Surfguide stehen. Wo die sind, verrate ich natürlich nicht. So weit abseits der Zivilisation darf nicht viel schiefgehen, denn das nächste Krankenhaus ist meist Tage entfernt. Glücklicherweise habe ich noch keine richtig gefährliche Situation erlebt. Nur einmal ist der Antriebsschaft, die Verbindung zwischen Motor und Bootsschraube, gebrochen. Wir trieben manövrierunfähig im Wasser und hätten im schlimmsten Fall an der nächsten Küste zerschellen können. Aber wir hatten Glück im Unglück: Der Wind war schwach, wir konnten den Anker auswerfen und den Schaden in zwei Tagen reparieren. Richtig Angst habe ich eigentlich nur davor, dass nachts jemand über Bord geht. Als Kapitän trage ich schließlich die Verantwortung dafür, meine Gäste wieder heil nach Hause zu bringen."

TRAUMHAUS

DAS EIGENE SURFCAMP IN DEN TROPEN ERÖFFNEN UND DEN BÜROJOB IN DEUTSCHLAND AN DEN NAGEL HÄNGEN. KLINGT GUT, NUR TRAUEN MÜSSTE MAN SICH. DEN MUT DAZU HATTE ALEXANDER HNATYK. ER ERÖFFNETE 2014 DAS DRIVETHRU CAMP IN SRI LANKA, UND DAS KAM SO:

IDEE

„2009 hatte ich mir neun Monate Auszeit genommen und mich nach Marokko aufgemacht. Nach einem halben Jahr hat mich dann der Gedanke an die Rückkehr zu meinem Versicherungsjob in Deutschland in Panik versetzt. Also habe ich umdisponiert und die Auszeit verlängert – jahrelang. Habe in Surfcamps in Frankreich gearbeitet, Surftrips in die Sahara und die Bretagne unternommen und dabei einige Freunde kennengelernt, die mit der Zeit zu einer Art Ersatzfamilie für mich wurden. Zusammen mit diesen Freunden kam dann an einem Abend in Frankreich die Idee von dem Surfcamp auf…“

STANDORTSUCHE

„2013 war ich das erste Mal in Sri Lanka, habe mich am Flughafen in ein Taxi gesetzt, auf der Fahrt einen netten Righthander gesehen und gesagt: „Hier anhalten!“ Als dann später die Pläne für das Camp konkret wurden, kam ich über meinen einzigen Kontakt in Sri Lanka an ein nettes Haus in Ahanghama an der Südwestküste. Da sich auch noch etliche Spots in der Nähe des kleinen Orts befanden, schlug ich zu. Inzwischen ist das Camp aber direkt an den Strand nach Madhia umgezogen. Das Haus ist der Wahnsinn. Wenn du hier morgens aufwachst, kommt es dir vor, als ob du mitten im Dschungel lebst.“

HÜRDENLAUF

„Die Behörden in Sri Lanka unterscheiden sich gar nicht so sehr von Deutschland. Es gab einen wahren Berg an Bürokratie aus dem Weg zu räumen. Außerdem spekuliert jeder Zweite darauf, ein paar Euro von dir abzubekommen, und Steuern gibt es natürlich auch. Ansonsten passiert alles ein wenig langsamer, und bei so einem Projekt geht einfach viel schief. Etwa, dass dir versprochen wird, dass alle Zimmer zum Eröffnungsdatum fertig sind, und dann reisen die Gäste an und nichts ist fertig. Da muss man lernen, die andere Mentalität zu

verstehen und darf sich nicht gleich übers Ohr gehauen fühlen. Sobald man zum Eisbrechen zwei Sätze Singhalesisch kann und das Prinzip des Kopfwackelns durchschaut hat, wird auch alles einfacher."

KOSTEN

„In Sri Lanka sind Essen und einfache Unterkünfte richtig billig, sonst aber nichts. Ein Camp zu starten geht ins Geld und kommt am Ende sicher teurer, als man erwartet hat. Denn in Bezug auf versteckte Kosten kann man getrost den Vergleich von der Spitze des Eisbergs heranziehen. Das Startkapital musste für den Kauf von 15 Boards, die Kameraausrüstung, die ersten Gehälter und die Saisonmiete für das Haus reichen. Dafür habe ich meine Wohnung in Deutschland verkauft und plante, circa ein Viertel meiner Ersparnisse in die Campgründung zu stecken. Natürlich kam alles anders, und inzwischen ist mein Konto so gut wie leergeräumt."

ALLTAG

„Frühstück um 9 Uhr, Abendessen um 19 Uhr – das ist der feste Rahmen, der Rest wird improvisiert. Mit einem Camp in Sri Lanka kannst du dich nämlich auf alles gefasst machen, außer auf eine ‚Und täglich grüßt das Murmeltier'-Routine. Sind die Wellen gut, wird gesurft. Für alle anderen Pflichten sind die Tage mit weniger gutem Surf reserviert. Klar, dass einiges an Büroarbeit auf der Strecke bleibt, aber man sollte eben nie vergessen, warum man sich für dieses Leben entschieden hat. Mein Jahresverlauf ist dafür exakter festgelegt: acht Monate auf Sri Lanka, ein Monat Organisationsarbeit in Deutschland und drei Monate Urlaub für Surftrips."

TRAUM VS. REALITÄT

„Natürlich sind ein paar unschöne Sachen passiert, etwa das Verschwinden von 14 Boards aus dem ersten Surfcamp. Außerdem müsste ich in Deutschland bei Verkehrskontrollen bestimmt viel seltener meinen Geldbeutel zücken. Aber mein Traum war es, mit meinen Freunden weiter surfen zu können. Das Surfcamp ist jetzt unsere WG, in der wir diesen Traum mit unseren Gästen teilen."

RAUSCHALTERNATIVEN

IN DER FERNE DROGEN ZU KAUFEN, IST EINE RISKANTE ANGELEGENHEIT. FÜNF LEGALE ALTERNATIVEN, UM BEIM NÄCHSTEN RAUSCH NICH MIT EINEM BEIN IM GEFÄNGNIS ZU STEHEN:

BETELNUSS

Was? Die Frucht der Betelnusspalme erinnert von außen an eine große Has nuss, ist im Inneren aber knallrot. Laut Weltgesundheitsorganisation nach kotin, Alkohol und Koffein auf Platz vier der beliebtesten legalen Rauschmit
Wo? In Südostasien – z.B. Taiwan, Philippinen, Salomonen.
Wie? An Straßenständen oder in kleinen Kiosken kaufen, kauen und nach fi bis 20 Minuten wieder ausspucken. Schmeckt bitter, und die Wirkung schwar irgendwo zwischen Tabak und Koffein, man fühlt sich euphorisch und wach. Taiwan wird Betelnuss auch von extrem leicht bekleideten Damen aus Glaska ten heraus an Trucker auf den Straßen verkauft – quasi als Drive-In.
Nachteil? Färbt die Zähne knallrot und regt den Speichelfluss so stark a dass man ständig ausspucken muss.

KAVA

Was? Grüne Pflanze mit herzförmigen Blättern, die bis zu drei Meter hoch wird und auch unter dem Namen Rauschpfeffer bekannt ist. Zerstoßen und mit Wasser vermischt, gilt der Pflanzensaft in Fidschi als Nationalgetränk.
Wo? Auf pazifischen Inseln wie Fidschi, Hawaii oder Polynesien.
Wie? Bei Begrüßungszeremonien angeboten bekommen oder in Kava-Bars bestellen. Die graue bis grünliche, bitter schmeckende Brühe hat eine ähnliche Wirkung wie Alkohol, allerdings ohne Kater am nächsten Tag! Selbst Kelly Slater wollte sich nach seinem Sieg beim Fiji Pro 2012 mit Kava berauschen – kann also gar nicht so schlecht sein.
Nachteil? Hygienisch manchmal fragwürdig. Bei einigen Stämmen ist es noch Tradition, die Pflanze nicht im Mörser zu zerstoßen, sondern sie zu kauen, auszuspucken und daraus das Getränk anzurühren.

AYAHUASCA

Was? Saft, der aus der Liane Banisteriopsis caapi und verschiedenen Pflanzenblättern hergestellt wird, die den halluzinogenen Wirkstoff Dymethyltryptamin (DTM) enthalten. Die Indianer im Amazonasgebiet nehmen Ayahuasca auch zu sich, um mit ihren Ahnen in Kontakt zu treten.

Wo? In Peru, Ecuador und Teilen Brasiliens, Boliviens, Kolumbiens sowie Venezuelas.

Wie? Das zähflüssige, bitter schmeckende Getränk wird von Touristen meistens unter Leitung eines professionellen Schamanen bei ein- oder mehrtägigen „Retreats" im Amazonasdschungel getrunken. Je nachdem, welche Pflanzen verwendet werden, variiert die Wirkung, kommt aber LSD ziemlich nah: Halluzinationen, verschärfte Sinneseindrücke und das Gefühl, das eigene Bewusstsein zu erweitern.

Nachteil? Nicht jeder Trip ist ein Traum. Wer Pech hat, geht auf einen Horrortrip inklusive Monster, die dich durch den Dschungel hetzen. Eine mögliche Folge, die Erstnutzer oft ereilt: Die Nacht abwechselnd über und auf der Kloschüssel zu verbringen.

KRATOM

Was? Die Blätter des bis zu 25 Meter hohen Kratombaums, der wie ein unscheinbarer Laubbaum aussieht, enthalten psychoaktive Substanzen. Getrocknet werden sie als Tee zubereitet oder als Pulver in Saft gemischt.

Wo? Indonesien

Wie? In Shops für alternative Medizin zu bekommen, wirkt Kratom in niedriger Dosis stimulierend und eher aufputschend. Bei größeren Mengen dagegen erinnert der Effekt an Opium: Man fühlt sich betäubt und schläfrig.

Nachteil? Der legale Status von Kratom kann sich jederzeit ändern, daher lieber noch einmal genau checken, bevor du in Bali danach fragst.

KANNA

Was? Pflanze mit gelben oder rosafarbenen Blüten, die an Gänseblümchen erinnert. Wurde von afrikanischen Buschmännern schon vor Jahrhunderten bei rituellen Zeremonien geraucht, geschnupft oder gekaut.

Wo? Südafrika

Wie? Bei Heilern oder in Bio-Läden in getrockneter Form, als Pulver oder Saft kaufen oder im nächsten Park selber pflücken. Allerdings muss die Pflanze dann erst getrocknet werden, da die frischen Blätter so gut wie keine Wirkung haben. Der enthaltene Wirkstoff Mesembrin betäubt den Körper und soll Schmerzen lindern. In höheren Dosen wirkt Kanna euphorisierend, vergleichbar mit einer milden Version von MDMA oder Kokain.

Nachteil? Je nach Zubereitung variiert die Wirkung – auf einer Skala von „Ich fühle gar nichts" bis hin zu „Mir ist kotzübel" ist alles möglich.

Wellen
Jäger

Am 19. Februar 2015 versprach der Wetterbericht für den Mittleren Westen der USA „bone-chilling cold“. Er sollte recht behalten. In Chicago fielen die Temperaturen auf minus 22 Grad – ein Rekordwert, der seit 1936 nicht mehr erreicht worden war. Dann wanderten die arktischen Luftmassen weiter Richtung Osten, ließen die Niagarafälle zu Eis erstarren und brachten Boston solche Schneemengen, dass etliche Stadtbewohner aus den Fenstern ihrer Häuser in die mächtige Schneedecke sprangen, um Videos unter #BostonBlizzardChallenge zu posten. Eines der letzten Fleckchen Land, das den eisigen Griff der Rekordkälte zu spüren bekam, war die kleine Insel Nantucket etwas nördlich von New York vor der Ostküste der USA. Die Wassertemperatur fiel auf minus 1 Grad, und die Luft kühlte auf minus 23 Grad ab. Gefühlt waren es dank Windchill aber eher 40 Grad unter null. Klar, dass das Meer zufrieren würde, aber nicht sofort, und jenseits der hüfttiefen Schneeverwehungen am Strand gab es Swell-Linien, die auf die Küste zurollten.

Überliefert sind drei Surfer, die mit ihren sechs Millimeter dicken Neoprenanzügen den Kampf mit den Elementen aufnahmen. Abgesehen von den Temperaturen, war auch alles andere an dieser Surfsession bemerkenswert. „Das Wasser war schon im Begriff zu gefrieren, noch nicht fest, aber schon so zähflüssig wie eiskalter Sirup“, erzählte der Local und Surffotograf Jonathan Nimerfroh. „Es war, als würdest du in einem riesigen Slush-Puppie Eisbecher surfen.“ Die halbgefrorene Wasseroberfläche war auch schon so dickflüssig, dass selbst der heulende Sideshore den Wellen nichts ausmachte. Keine Spur von Chop, nur perfekte, glassy 2-Fuß-Barrels. Überhaupt schienen sich die physikalischen Eigenschaften der Wellen ein wenig außerhalb ihrer üblichen Komfortzone zu bewegen. So warfen die Brecher ihre Lippe wie in Zeitlupe nach vorne, und das Paddeln fühlte sich an, als ob man sich nicht durch Wasser, sondern durch Gelatine oder Sand bewegen würde.

DIE RITTE DURCH HALBGEFRORENE SLUSHTUBES ERSCHIENEN NUR NOCH WIE EIN UNWIRKLICHER TRAUM

Nächster Tag, selbe Zeit, selber Ort: Das Meer ist unter einem hartgefrorenen Eispanzer verschwunden, und die Ritte durch halbgefrorene Slushtubes erscheinen in der Erinnerung nur noch wie ein unwirklicher Traum. Ob es eine Wiederholung geben wird? Vielleicht, vielleicht aber auch nicht. Die ältesten Fischer von Nantucket können sich jedenfalls nicht erinnern, schon einmal solche Wellen gesehen zu haben, aber die letzte Rekordkälte mit ähnlichen Tiefsttemperaturen liegt auch schon über 80 Jahre zurück.

Einzigartige Wellen warten eben nicht, bis du am Strand bist. Zur richtigen Zeit am richtigen Ort zu sein, ist der Trick bei der Wellenjagd

SWELLMAGNETEN

WO AUF DER WELT IST GUTER SURF SO SELBSTVERSTÄNDLICH WIE DAS AMEN IN DER KIRCHE?

Die Belange der heutigen Surftouristen waren Gegenstand einer 2014 veröffentlichten Studie der spanischen Universität von Kantabrien oder genauer gesagt die Frage: Wo auf der Welt guter Surf am häufigsten anzutreffen ist. So definierten die Forscher mit Parametern wie Wellenhöhe, Swellperiode, Windrichtung und auch Wassertemperatur zuerst, was für sie als gute Surfbedingungen gelten sollten, entwickelten dann Formeln, mit denen sie die Rohdaten in Surfqualität umrechneten und analysierten schließlich die Wahrscheinlichkeit für „High Quality Surf" rund um den Erdball. Wir haben die besten Ziele herausgesucht:

Absolute Surfgarantie-Ziele
Sich Sorgen um guten Surf zu machen, ist reine Zeitverschwendung. Denn hier sind die Wellen mit einer Wahrscheinlichkeit von 80 bis 90 Prozent am Feuern, das heißt an circa 290 bis 320 Tagen pro Jahr.

Begrenzte Surfgarantie-Ziele
Kein Rundum-Sorglos-Paket mit titelbildwürdigen Lines von morgens bis abends, aber immer noch eine Wahrscheinlichkeit von über 60 Prozent auf guten Surf – also öfter als jeden zweiten Tag.

Winter
November
bis März

Sommer
April bis
Oktober

Saisonale Surfgarantie-Ziele
Zur richtigen Jahreszeit der Knaller mit einer Wahrscheinlichkeit von über 70 Prozent auf guten Surf. Zur falschen Saison eher ein Griff ins Klo.

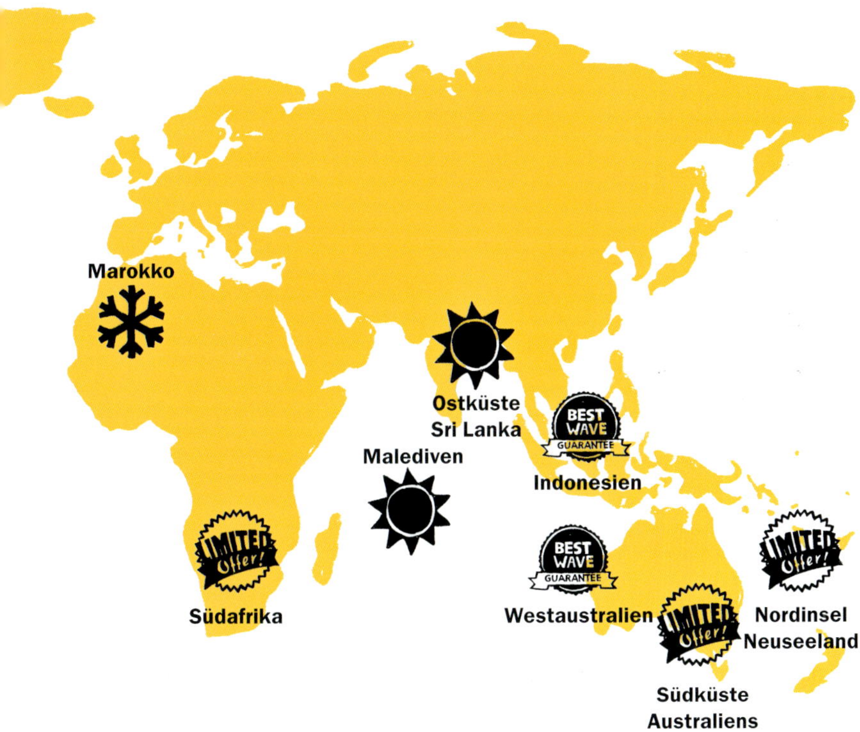

PARAMETER WIE WELLENHÖHE, SWELLPERIODE, WINDRICHTUNG UND WASSERTEMPERATUR BESTIMMEN DIE WAHRSCHEINLICHKEIT FÜR „HIGH QUALITY SURF“

BETRIEBSANLEITUNG

MENTAWAI-WELLEN SIND STEIL, SCHNELL, HOHL UND SO PERFEKT, DASS JEDER EINZELNE TROPFEN WASSER EXAKT PLATZIERT ERSCHEINT. ABER DIE KRAFT UND GNADENLOSIGKEIT DIESER INDONESISCHEN BRECHER STELLT AUCH ALLES IN DEN SCHATTEN, WAS DIR JE AN EINEM EUROPÄISCHEN BEACHBREAK BEGEGNET IST.

Einer, der genau weiß, wie du dich hier tuben lässt, ohne unnötig Haut auf dem Riff zurückzulassen, ist Christie Carter. Seit über 15 Jahren surft der Neuseeländer auf den Mentawais, managt dort das Surfresort Wavepark und hat schon viele seiner Gäste zum Nähen begleitet.

TUBETIME

„Wer auf die Mentawais kommt, will getubed werden. Einen Fehler, der das verhindert, sehe ich besonders oft: Der Surfer wählt seine Linie zu tief auf dem Wellenface, und statt hinter dem Wasservorhang zu verschwinden, bekommt er ihn mit voller Wucht auf den Rücken. Der Trick ist: sich klein machen und dabei eine Linie weit oben auf dem Face nehmen.“

DUCKDIVE

„Keine wirklich gefährlichen, dafür aber extrem unangenehme Verletzungen holen sich Surfer beim Duckdiven. Teils ist es so seicht, dass sie beim Durchtauchen einer Walze mit den Händen über das Riff schleifen und sich dabei die Haut von Fingern und Handknöcheln abhobeln. Also besser nicht die Rails umfassen, sondern beide Hände von oben flach auf das Board legen und so unter Wasser drücken.“

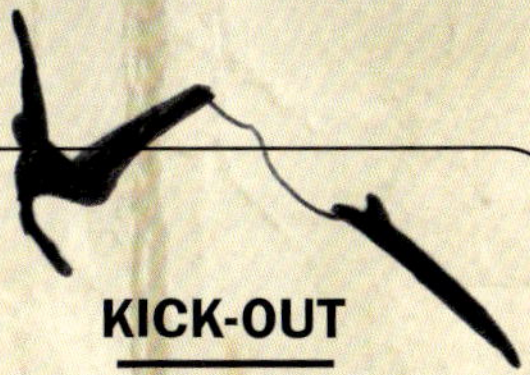

KICK-OUT

„Die Wellen sind schnell, die Ritte sind schnell, und dieses Tempo macht es so verlockend, sich in der End Section über die Lippe in die Luft hinauskatapultieren zu lassen und hinter dem Rücken der Welle wieder einzutauchen. Leider bekommen manche Surfer bei genau so einer Aktion ihr eigenes Board um die Ohren gehauen. Grund ist der starke Offshore, der dir das Board mit spielerischer Leichtigkeit hinterherbläst. Nichts ist unnötiger, als sich bei so einer Aktion eine Schnitt- oder Platzwunde zu holen und dann in den nächsten Tagen den Wellen vom Strand aus zuzusehen."

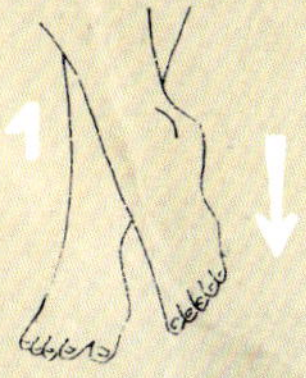

ABTAUCHTECHNIK

„Es sollte wirklich jedem klar sein, wie scharf und seicht die Riffe auf den Mentawais sein können. Daher ist es immer wieder erstaunlich zu sehen, wie viele Surfer Kopf voraus vom Board hechten. Die goldene Regel lautet: Tauche immer mit den Füßen voran ein – egal, ob du über die Fälle gehst, eine Section vor dir zumacht oder du in der Impact Zone gefangen bist."

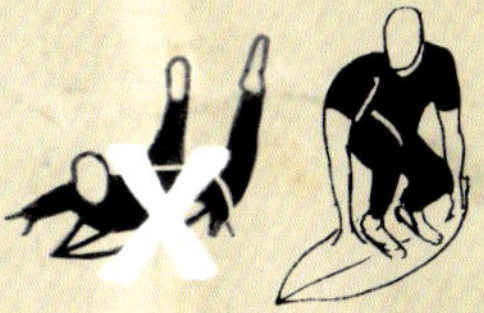

LINEUP-KNIGGE

„Eine Sache, die mich immer extrem ärgert, sind Snowballs: Während du einen Takeoff machst, paddelt ein anderer Surfer auf der Wellenschulter mit und zieht erst dann zurück. Klar, er macht keinen Drop-In und auf den ersten Blick nichts falsch. Aber durch seine Paddelzüge zerstört er die Section vor dir und bringt sie dazu, früher zu brechen. Danach ist es an dir, um das Weißwasser herumzukommen. Schaffst du es nicht, ist der Ritt ruiniert und die Welle verschwendet. Wenn also jemand an der Reihe ist und für eine Welle paddelt, dann lass ihn dabei in Ruhe. Gleichzeitig gehört es zum guten Ton, sich wieder ganz hinten in der Warteschlange einzureihen, wenn du eine Welle verpasst hast. Nichts ist schlimmer, als einem Surfer zuzusehen, der eine perfekte Welle nach der anderen anpaddelt und sie dann verpasst oder zurückzieht. Da kann die Stimmung im Lineup ganz schnell kippen."

REISEFÜHRER

WENN DER BASKE KEPA ACERO LOSZIEHT, DANN AUF DIE GUTE ALTE TOUR: ALLEINE, MIT RUCKSACK UND BOARD UNTER DEM ARM, EIN PAAR MONATEN ZEIT UND DEM ZIEL, EINEN NEUEN SPOT ZU FINDEN. DU WILLST ES GENAUSO MACHEN? KEIN PROBLEM MIT KEPAS REGELN DER SURFENTDECKUNG:

ZIELFINDUNG

„Indonesien ist wohl das beste Surfziel der Welt. Oder auch Peru mit seinen langen Wellen, netten Menschen und verdammt gutem Essen. Mich zieht es aber nur noch in Länder, in denen ich Neues entdecken kann. Heutzutage heißt das, irgendwohin, wo es richtig kalt ist oder nach Afrika. Durch die zahlreichen wirtschaftlichen und sozialen Probleme sind viele Teile Afrikas heute noch schwierige Reiseziele und daher wenig auf ihr Surfpotential hin erforscht."

ZEITFENSTER

„Einfach irgendwann loszufahren, ist keine gute Idee. Man sollte auf jeden Fall wissen, wann und wo auf den Ozeanen Stürme die besten Wellen produzieren. Im August treffen zum Beispiel große Swells aus dem Süden auf Angola oder Namibia und bringen alle diese langen, linken Points regelrecht zum Feuern. Im Oktober und November erwachen dann die rechten Points in Marokko oder auf den Kapverden bei großen Nordswells zum Leben."

SPOTSUCHE

„Afrika bietet für mich die interessanteste Küste weltweit. Seit Jahren suche ich dort via Google Earth nach Spots, studiere die Windrichtungen und Wassertiefen. Trotzdem kann es sein, dass eine Welle einfach nicht funktioniert, obwohl im Internet alles so perfekt aussah. Genauso findet man Spots, wo man sie nie vermutet hätte. Die eigenen Augen sind eben durch nichts zu ersetzen."

GEPÄCK

„Ich mag es so simpel wie möglich: Rucksack, Zelt, Schlafsack, Kocher, Angel und Bekleidung für lange Hikes. Vor Ort besorge ich dann einen gebrauchten Wagen sowie Wasser, Pasta und Schokolade – Essen, das nicht verdirbt. Wichtig ist ein bescheidener Look, um nicht unnötig Aufmerksamkeit auf sich zu ziehen."

LOWS

„Ganz alleine mitten in Afrika kann man sich leicht wie der einsamste Mensch auf der ganzen Welt fühlen. Tatsächlich hatte ich einmal in der Wüste Angolas so lange keine Menschenseele gesehen, dass ich begann nackt zu surfen. Es machte einfach keinen Sinn, Boardshorts zu tragen. Aber Einsamkeit kann auch wehtun. Ein gutes Buch ist mein einziges Gegenmittel, wenn ich Familie, Freunde und meinen Hund in der Heimat vermisse. Das sind Momente, in denen dich nur eine Menge Optimismus weiterbringt."

HIGHS

„2010 surfte ich Skeleton Bay in Namibia praktisch alleine. Das Gefühl ist unbeschreiblich, wenn du im Lineup sitzt, diese Wasserwand wie ein Güterzug auf dich zukommt und du weißt, dass du gleich den Ritt deines Lebens hast oder den Waschgang des Tages. Dann stehst du auf, bist in der Tube, kommst wieder ins Sonnenlicht, schießt in die zweite Tube, dann in die dritte Tubesection... Dann kickst du aus der Welle und siehst die nächste, genauso perfekte Röhre den Point entlanglaufen. Ich habe GoPro-Videos, auf denen ich nur extatisch schreie, weil ich nicht glauben kann, was ich sehe."

GEFAHREN

„Egal, wie gut du planst, Überraschungen gibt es überall. Auf dem ersten Trip mit einem Freund nach Alaska hatten wir wegen der Grizzlys Abwehrspray und Gewehre dabei. Dann, beim Hiken zu einem Spot, gerieten wir in Treibsand und versanken Schritt für Schritt bis zum Knie und tiefer. Es gab keine andere Möglichkeit, als uns einfach weiterzukämpfen. Mein Kumpel war schwerer und kam langsamer voran. Einmal blickte ich mich noch um und sah die Angst in seinem Gesicht, aber was hätte ich tun sollen? Am Ende erreichten wir aber beide wieder festen Boden – nach zwei Stunden voller Todesangst. Denn ich hatte gehört, dass es im Treibsand immer wieder Lufteinschlüsse gibt. Wer da drauftritt, wird einfach verschluckt."

SPASSBREMSEN

NEUE WELLEN AM ENDE DER WELT ZU FINDEN, IST DIE ESSENZ JEDES SURFTRIPS – LEIDER GIBT ES ABER NICHT NUR SCHÖNES ZU ENTDECKEN. VIER BEISPIELE VON DER SCHATTENSEITE DER WELLENJAGD:

KROKODILE IM PARADIES

Die Malediven: ein wahr gewordener Surfertraum aus kristallklarem Wasser, cleanen Swells, ständigem Offshore und – Salzwasserkrokodilen. Salzwasserkrokodile? Ja genau! Zwar weiß niemand genau, woher die Reptilien kommen, sicher ist aber, dass seit 2008 immer wieder Krokodile auf verschiedenen Atollen der Malediven gesichtet wurden. Alleine im Winter 2015 waren es 13 Sichtungen und dabei handelte es sich keineswegs um kleine Tiere. Einige waren fast drei Meter lang. Angegriffen wurde allerdings noch niemand, und zu den Sichtungen kam es hauptsächlich während des Winter-Monsuns, also in der Off-Season für Surfer von November bis April. Salzwasserkrokodile greifen ihre Beute auch nicht spontan an, sondern beobachten ihr Opfer tagelang, lernen dessen Gewohnheiten kennen und schlagen dann zu. Nicht immer zur gleichen Zeit surfen zu gehen, könnte also eine gute Idee sein.

WELLENRAUB AUF DER INSEL DER GÖTTER

„Kann mal vorkommen", dachtest du, als dir der Local auf Bali genau in dem Moment in den Weg paddelte, als du in die anrollende Setwelle starten wolltest. Du musstest zurückziehen, und irgendein Glücklicher weiter down the Line bekam den Ritt. Dann, nur ein paar Minuten später, vermiest dir der gleiche Local erneut eine Welle. Diesmal saß er tiefer als du, tat so, als würde er anpaddeln und zog dann doch im letzten Moment zurück. Du hattest keine Zeit mehr zu reagieren, und wieder profitierte ein Glücklicher weiter down the Line – zufällig sogar derselbe wie zuvor. Zufällig? Nicht ganz, eher dank des neuesten Geschäftsmodells in Balis Surfszene: Du mietest einen Local für circa 30 Dollar, gehst mit ihm surfen und lässt ihn für deine Wellenritte sorgen. Klassischerweise nimmt er selbst die besten Setwellen und lässt dich dann eindroppen, oder er behindert die Surfer, die tiefer als du sitzen und die nächste Welle eigentlich verdient hätten. Nicht schlimm, sagst du? Dann warte mal ab, bis du mit ein paar Freunden eine einsame Session genießt und plötzlich fünf Touristen mit ihren bezahlten Wellenblockern auftauchen...

BOATPEOPLE IN PERU

Wer einen Surftrip nach Peru macht, der will Chicama surfen. Diese legendäre Welle, die über vier Kilometer läuft und sich als längste Linke der Welt einen Namen gemacht hat. Okay, noch niemand hat wirklich die gesamte Distanz mit einem einzigen Ritt zurückgelegt, 2012 stellte der Local Cristobal de Col aber mit immerhin 34 Turns auf einer Welle einen inoffiziellen Rekord auf. Normalerweise nehmen die Surfer immer mehrere Wellen, während sie in der Strömung driften. Denn Chicama könnte auch als längste Gegenstromanlage der Welt beschrieben werden, die dich ständig vom Point wegzieht. Wohl der Grund, warum einige Locals auf die Idee kamen, paddelfaule Surftouristen mit Booten während einer Session immer wieder aus dem Wasser zu fischen und zum Point zu shuttlen. Wer heute in Chicama noch auf die gute alte Art surft, sieht sich mit einer wahren Flotte an Surftaxis konfrontiert, die ihre Passagiere (teils 10 bis 15 auf einen Schlag) immer genau dann ausladen, wenn das nächste Set heranrollt. Einzige Möglichkeit, diesem Bootszirkus zu entgehen: genaues Timing! Denn auch die Bootskapitäne machen mal Pause. Dann läuft auch die Welle besser, weil sie nicht durch die diversen kreuzenden Bugwellen der Boote gestört wird.

MACHTDEMONSTRATION AUF HAWAII

„Langsam, Mann", hörte der französische Surffotograf plötzlich, als er in seinem Mietwagen an der North Shore unterwegs war. „Warum?", dachte er nur. Er war ja nicht die Straße entlanggerast, sondern mit ganz normalem Tempo gefahren. Also beugte er sich aus dem Fenster, hob fragend seine Hände und wollte wissen, was los ist. Ein Fehler! Schon im nächsten Moment baute sich Kala Alexander als Inkarnation des bösen North-Shore-Locals finster dreinblickend vor ihm auf und verpasste ihm wortlos eine klatschende Ohrfeige. Eine Ausnahme? Keineswegs! Inzwischen weiß ja jeder Surfer, dass man sich im Lineup an der North Shore besser hinten anstellt und lieber gar keine Welle nimmt, als einem Local reinzudroppen. Aber dieses Gewaltmonopol endet eben nicht an der Wasserlinie: Du bremst nicht auf Schritttempo ab, wenn du an der Schule vorbeifährst, du trägst etwas Sand an deinen Füßen in ein Haus oder parkst etwas zu respektlos? Schon kannst du Ziel einer kleinen Lektion in Sachen „Respekt gegenüber den Locals, du Haole!" werden. Wer gleich um Entschuldigung bittet, kommt vielleicht so davon. Wer es wagt zu widersprechen, bekommt ein paar Backpfeifen...

GEFAHRENZULAGE

ANGST KENNST DU NICHT? DANN VERSUCHE ES MAL MIT DIESEN ZIELEN, ABER SAG HINTERHER NICHT, WIR HÄTTEN DICH NICHT GEWARNT: BETRETEN AUF EIGENE GEFAHR!*

MEXIKO

Im letzten Jahrzehnt starben mehr als 70.000 Menschen im mexikanischen Drogenkrieg, auch Touristen gehören immer wieder zu den Opfern. Gefährlich sind die Gebiete, in denen die verschiedenen Drogenkartelle gegeneinander um die alleinige Vorherrschaft kämpfen. Zum Beispiel an der Pazifikküste rund um Acapulco, wo es ansonsten auch hohle Righthander zu scoren gäbe. Größte Gefahr? Zwischen zwei rivalisierende Drogengangs zu geraten.

GAZASTREIFEN

Die Einheimischen nennen den schmalen Küstenstreifen am Mittelmeer auch „das größte Open-Air-Gefängnis der Welt" – eine acht Meter hohe Mauer riegelt das von Palästinensern bewohnte Gebiet von seinen Nachbarn Israel und Ägypten ab. Vor einigen Jahren gelang es einer Hilfsorganisation, ein paar Surfboards einzuschmuggeln, seitdem gibt es einen Surfclub und etwa 30 Surfer, die jeden Fremden willkommen heißen, als wäre er Kelly Slater höchstpersönlich. Größte Gefahr? Ein israelischer Raketenangriff.

NIGERIA

Himmel und Hölle liegen in dem Land an Afrikas Westküste nah beieinander. Auf der einen Seite islamistische Terrorgruppen, auf der anderen Seite Wellen wie Twarka, ein erstklassiger A-Frame mitten in der Millionenstadt Lagos. Größte Gefahr? Boko Haram oder Piraten in die Hände zu fallen.

JEMEN

2006 reiste ein Team von amerikanischen Surfpros in den Jemen und fand auf der Insel Socora Weltklasse-Wellen. Leider ist seitdem viel passiert, und das Land steht kurz vor einem Bürgerkrieg. Größte Gefahr? Von Al-Qaida entführt zu werden.

PHILIPPINEN

Auf den ersten Blick ist Mindanao, die zweitgrößte Insel der Philippinen, das Paradies mit weißen Sandstränden und endlosen Points. Auf den zweiten Blick lauern kommunistische Rebellen in den Städten und islamistische Separatisten im Dschungel. Größte Gefahr? Terroranschläge – die sind laut dem Auswärtigen Amt noch wahrscheinlicher als eine Entführung.

WESTSAHARA

Wer von Marokko aus Richtung Süden fährt, erreicht die Westsahara, einen 800 Kilometer langen Küstenstreifen, an dem sich einsame Pointbreaks wie an einer Perlenschnur aufreihen. Leider besetzte Marokko das Wüstengebiet in den 70ern und riegelte es mit Millionen von Minen ab. Die einheimischen Sahraouris kämpfen seitdem für ihre Unabhängigkeit, obwohl es seit 1991 einen Waffenstillstand gibt. Größte Gefahr? In eine militärische Sperrzone zu geraten und dort beim Surfen von marrokanischen Soldaten ins Kreuzfeuer genommen zu werden.

KOLUMBIEN

Guerillagruppen, paramilitärische Todeskommandos, rivalisierende Drogenkartelle und mittendrin das Militär, das verzweifelt versucht, die Lage unter Kontrolle zu bekommen – im Norden Kolumbiens herrschen seit Jahrzehnten bürgerkriegsähnliche Zustände. Dabei könnte alles so schön sein: Karibische Setups, leere Lineups und dichter Dschungel, der bis an den Strand reicht. Größte Gefahr? Von Rebellen entführt zu werden. Passierte zuletzt zwei Deutschen 2013, sie kamen erst nach vier Monaten wieder frei.

* Tipps, wie du gefährliche Situationen in Krisengebieten meisterst, gibt es auf Seite 128!

KRISENMANAGEMENT

WIESO EINE SCHACHTEL ZIGARETTEN LEBEN RETTEN KANN

Natürlich ist es nicht klug, in ein Land zu fahren, für das etliche Reisewarnungen existieren und wo vielleicht vor kurzem noch Bürgerkrieg herrschte. Aber nehmen wir an, dass du unbedingt diesen A-Frame surfen willst, der genau in so einem Land liegt. Das Vorhaben ist nicht unmöglich – es gibt Leute, die ständig an solche Orte fahren, Journalisten oder Entwicklungshelfer zum Beispiel, und die vertrauen Paul Rees. Denn der Job des ehemaligen Surfers und Marinesoldaten aus Cornwall ist es, mit seiner Sicherheitsfirma Centurion Safety Menschen auf solche Einsätze vorzubereiten. Paul weiß also genau, welche Fehler du an so einem Ort vermeiden solltest:

Regel Nr. 1: Immer eine Packung Zigaretten dabei haben!
Straßenblockaden können dir überall begegnen und du weißt nie, wer sich dahinter verbirgt: Rebellen, Kriminelle, Gangs? Du weißt auch nie, was sie wollen: dein Auto, Geld oder ein paar Lebensmittel. Oft sind sie betrunken oder stehen unter Drogen. Bleibe ruhig und mache keine hektischen Bewegungen. Biete auch nicht gleich Geld an, das kann überheblich wirken. Versuche es erst einmal mit Zigaretten – das reicht manchmal schon, um dir die Weiterfahrt zu sichern.

Regel Nr. 2: Trage nie die Flagge des Landes!
T-Shirts mit der Landesflagge auf der Brust können dich ernsthaft in Schwierigkeiten bringen. Stell dir vor, du reist durch ein Land, in dem Rebellen gegen das Militär kämpfen und alles und jeden hassen, den sie mit der Regierung in Verbindung bringen. Und dann stehst du mit diesem T-Shirt vor ihnen...

Regel Nr. 3: Verlasse nie die Straße!
Bewaffnete Konflikte hinterlassen immer unzählige Minen als Erbe. Angola gehört zum Beispiel zu den Ländern, in denen weltweit die meisten Minen vergraben sind.

Regel Nr. 4: Mach ganz langsam, wenn du Regel Nr. 4 gebrochen hast!
Siehst du auffällige Steinhaufen, Kleidungsstücke an Bäumen oder auch gekreuzte Stöcke, können das Warnzeichen sein, dass du mitten in einem Minenfeld stehst. Dann auf keinen

Fall weitergehen, sondern Schritt für Schritt den Weg zurück nehmen, den du gekommen bist. Dabei gilt die Regel: sehen, fühlen, graben! Suche zunächst den Weg nach Erhebungen und Unregelmäßigkeiten ab. Taste dann den Boden auf Armlänge vorsichtig mit den Fingern ab (Minenzünder lösen erst aus, wenn du mit deinem gesamten Körpergewicht drauftrittst). Als nächstes funktionierst du ein Messer zum Minensuchgerät um: Dazu die Klinge im 30-Grad-Winkel alle fingerbreit etwa neun Zentimeter tief in die Erde stechen – so triffst du Minen seitlich und nicht den Zünder an der Oberseite. Hast du eine Mine gefunden, auf keinen Fall weitergraben, sondern die Stelle markieren und Meter um Meter weitermachen.

Regel Nr. 5: Spiele „Grauer Mann"!
Verhalte dich so unauffällig wie möglich und schaue dir ein paar Dinge bei den Einheimischen ab: Wie kleiden sie sich, wie begrüßen sie sich? Versuche sie zu imitieren, aber übertreibe nicht, das wirkt schnell aufgesetzt. Lass dir nie anmerken, wenn du die Orientierung verloren hast, das macht dich zum leichten Opfer für Diebe.

Regel Nr. 6: Autos sind nicht schussfest!
Das sind sie nur im Fernsehen. Tatsächlich bieten Autos kaum Schutz vor Gewehrkugeln, außer vielleicht hinter dem Motorblock. Besser sind dicke Baumstämme oder Bodenmulden. Dabei dann am besten mit dem Kopf in die Richtung legen, aus der die Schüsse kommen, so bietest du am wenigsten Angriffsfläche.

Regel Nr. 7: Habe immer deinen „Emergency Bag" griffbereit!
Egal, wo du gerade bist, ob im Hotel, im Auto oder am Strand, habe immer einen kleinen, wasserfesten Rucksack (25-30 Liter Fassungsvermögen) griffbereit, falls du von einer Sekunde auf die andere flüchten musst. Um ein paar Tage zu überstehen, empfehle ich:

- Ersatzkleidung
- Sonnenhut oder Mütze
- Schlafsack
- Lebensmittel für mindestens einen Tag
- Wasserflasche und Wasseraufbereitungstabletten
- Karte, Kompass, GPS
- Uhr, Pfeife, kleines Messer
- Wasserfeste Streichhölzer, Feuerzeug, Kerze
- Anti-Moskito-Spray
- Radio
- Taschenlampe, Ersatzlampe und Batterien
- Wasserfestes Erste-Hilfe-Kit
- Geld (lokale Währung und 200 US-Dollar)
- Fotokopie des Ausweises/ Visa

Regel Nr. 8: Steige nie in ein Auto, das keine Sicherheitsgurte hat!
Klingt banal, aber in einem Krisengebiet ist es viel wahrscheinlicher, bei einem Autounfall ums Leben zu kommen, als erschossen zu werden. Die Straßen sind meist in einem katastrophalen Zustand, viele Fahrzeuge ebenfalls und Unfälle daher an der Tagesordnung. Wenn sich das Auto überschlägt und du durch die Windschutzscheibe fliegst, hilft dir auch keine schusssichere Weste.

SWELLPLANUNG TEIL 1

WIE GUT SIND WELLENPROGNOSEN, DIE ZEHN TAGE ODER MEHR IN DIE ZUKUNFT BLICKEN, WIRKLICH? WIR HABEN BEI BEN FREESTON NACHGEFRAGT, DER SEIT ÜBER ZEHN JAHREN DIE ENTWICKLUNG DER SURF-FORECAST-WEBSITE MAGICSEAWEED.COM VORANTREIBT.

Nehmen wir an, dass die Vorhersage einen neuen Swell in einer Woche ankündigt. Kann es sein, dass der Ozean trotzdem flach bleibt?
Ja, das kann passieren. Zumindest, wenn wir zum Zeitpunkt der Vorhersage soweit in die Zukunft blicken, dass die angekündigten Wellen noch gar nicht durch einen Sturm auf dem Ozean entstanden sind. Die Atmosphäre ist eben ein chaotisches System. Da kann ein kleiner Fehler in der Vorhersage große Auswirkungen haben. Etwa, dass die Modelle einen Sturm vorhersagen, der sich in Wirklichkeit aber nie formen wird. Sobald die Wellen aber einmal auf dem Ozean unterwegs sind, kommt der Swell auch an, und es ist leicht zu prognostizieren, wann die Wellen kommen.

In welchem Zeitrahmen sind Surfvorhersagen absolut verlässlich?
Das hängt stark davon ab, wo auf der Welt wir uns befinden. In Indonesien zum Beispiel treffen dank der verlässlichen Passatwinde und der längeren Distanzen, die ein Swell zurücklegt, Vorhersagen von zehn Tagen ziemlich sicher ins Schwarze. Und selbst über diese Zeitspannen hinaus können wir mit großer Wahrscheinlichkeit sagen, ob der Ozean aktiv bleibt oder ein frustrierendes Flat droht. Hier in Europa ist alles etwas komplizierter. Stürme über dem Atlantik verfolgen wir schon ab der Ostküste der USA und können gute, saubere Swells sicher über einen Zeitraum von fünf Tagen bis zu einer Woche vorhersagen. Spannend wird es aber, wenn der Sturm droht, mitsamt heulendem Onshore direkt auf die Küste zu treffen. Dann kommen die Prognosen bei Ausblicken jenseits von 48 Stunden an ihre Grenzen. Noch schwerer sind nur Hurrikane oder Taifune vorherzusagen.

Neben dem Mangel an Wellen ist Onshore eine der größten Plagen für Surfer. Wie exakt lassen sich On- und Offshore vorhersagen?
An Spots wie Teahupoo in Tahiti, Cloudbreak in Fidschi, Jaws auf Hawaii und vielen anderen in den Tropen sehr exakt. In kälteren Regionen wie Europa gibt es dagegen keinerlei Zeitrahmen, in dem eine Windvorhersage zu 100 Prozent sicher ist. Ein kleines Tiefdruckgebiet muss sich von seiner prognostizierten

Position nur 20 Kilometer verschieben und schon kann der Wind aus der entgegengesetzten Richtung blasen. Aber es gibt sogar noch kleinräumigere Details, die große Wirkung haben können. Im Sommer in Hossegor dreht der Wind bei schönem Wetter mit der Erwärmung im Tagesverlauf von Off- auf Onshore. Wann genau das geschieht, kann aber schon von einer Wolke abhängen, die für Schatten über dem Strand und so für kühlere Temperaturen sorgt. Genauso kann die Wassertemperatur des Sees hinter den Dünen Hossegors das Drehen des Windes verzögern. Niemand wird je solche Parameter wirklich exakt vorhersehen.

Jeder Surfer kennt auch das Szenario, dass eine Vorhersage für zwei Tage exakt gleich aussieht und in Wirklichkeit die Wellen an beiden Tagen recht unterschiedlich ausfallen.

Dafür gibt es eine Reihe von Gründen. Oft wird beim Lesen der Vorhersage die Swellrichtung vernachlässigt. Dabei kann sich zum Beispiel an den Beachbreaks der französischen Atlantikküste der Unterschied zwischen einem West- und einem Nordwestswell dermaßen auswirken, dass du entweder Closeouts oder lange, offene Wellen vorfindest. Ein anderer Grund ist, dass Vorhersagen immer auch Vereinfachungen der Wirklichkeit sind. Ein 5-Fuß-Swell bei 12 Sekunden kann bedeuten, dass es perfekte Bedingungen mit sauberen Lines gibt. Vielleicht ist aber gleichzeitig noch ein zweiter, kleinerer Windswell mit zwei Fuß bei sieben Sekunden im Meer unterwegs, der die Surfbedingungen unsauberer macht und verschlechtert. Wenn wir aber alle diese Informationen in unsere Vorhersagen einbauen würden, könnte sie wohl kein Surfer mehr verstehen.

SWELLPLANUNG TEIL 2

SURFVORHERSAGEN IM PRAXISTEST

DER PROFIJÄGER: FRANÇOIS LIETS

Der 47-jährige Franzose aus Hossegor leitet die Billabong Adventure Division, die auf ihren Missionen in ganz Europa nach den größten Wellen sucht. Für François gehört es quasi zur Jobbeschreibung, zur richtigen Zeit am richtigen Ort zu sein.

Wohin: Ich kenne etwa 15 Big-Wave-Spots von Irland bis Portugal und weiß genau, welcher Spot bei welchen Bedingungen funktioniert.

Wann: Ich checke jeden Tag die Wettercharts und Satellitenbilder und warte, dass etwas über dem Atlantik passiert. Dabei hoffe ich auf Swells von über 15 Fuß auf dem offenen Meer. An der Küste kann so ein Swell Wellen mit doppelt so hohen Faces produzieren. Die ersten konkreten Vorhersagen gibt es etwa sechs Tage im Voraus. Aber ich warte immer noch drei Tage, bis ich die Flugtickets buche. Abflug ist dann einen Tag vor dem Eintreffen der Wellen.

Erfolgsquote: In drei von vier Fällen ist alles vorbereitet, die Jetskis sind ready, die Surfer organisiert – und dann wird alles abgeblasen. Es kam auch schon vor, dass wir einen Trip noch am Flughafen canceln mussten, weil sich die Windvorhersage plötzlich geändert hat. Der Wind ist eben der wichtigste Faktor, denn der Swell ändert sich kaum. Wenn die Wellen einmal unterwegs sind, treffen sie auch ein. Beim Wind kannst du dir nie sicher sein, und wir brauchen unbedingt Offshore. Selbst wenn die Vorhersage perfekt ist, kann es sein, dass der Wind alles zunichte macht.

Surfzeit: Wir kommen einen Tag vor den Wellen an, schlafen vier, fünf Stunden und surfen den ganzen nächsten Tag. So ein Swell hält maximal 48 Stunden an, daher dauern unsere Missionen nie länger als zwei oder drei Tage.

Jackpot: 2008 in Irland! Die unglaublichste Welle, die ich je gesehen habe: 18 Fuß hoch, einen Kilometer lang, mit Barrels von über zehn Sekunden Tubetime. Nach einem Tag war der Zauber allerdings vorbei...

DER WEEKEND WARRIOR: MICHI MOHR

Der Münchner hat schon in den abgelegensten Ecken der Welt Wellen gejagt und gehört in Sachen Big Waves sicher zu den besten Surfern Deutschlands. Trotz eines Fulltimejobs versucht er, keinen großen Swell in Europa zu verpassen. Seine Erfolgsquote ist beneidenswert.

Wohin: Die meisten Trips gehen nach Spanien, Portugal, Irland und ans Mittelmeer. Insgesamt kommen so etwa zehn Trips pro Jahr zusammen.

Wann: Ich behalte die Swellkarten für den Atlantik immer im Auge. Wenn sich dann etwas „Großes" zusammenbraut und absehbar ist, dass es gute Bedingungen geben wird, versuche ich, mir ein paar Tage freizuschaufeln. Normalerweise schaue ich nach Swells ab 10 Fuß bzw. mit einer Periode ab 14 Sekunden. Swellmaps sind inzwischen für eine lange Zeit im Voraus verfügbar, meistens korrigieren sich die Werte aber noch nach unten. Wenn allerdings im Atlantik Wellen von 30 Fuß angekündigt werden, kannst du davon ausgehen, dass auf jeden Fall ein Swell im Anmarsch ist. Konkret vertraue ich den Vorhersagen vier Tage im Voraus in Bezug auf den Swell und ein bis zwei Tage im Voraus in Bezug auf den Wind.

Im Mittelmeer ist allerdings alles anders. Da musst du sehr spontan sein und dich zudem noch gut auskennen. Denn dort baut sich ein Swell innerhalb nur eines Tages auf und hält dann auch nur zwei Tage an. Daher vertraue ich den Vorhersagen auch nur maximal 48 Stunden im Voraus in Bezug auf Wellen. Gut ist, dass der Wind meist keine große Rolle spielt, weil der sowieso irgendwann aufhört oder dreht.

Erfolgsquote: Die Mittelmeertrips sind immer bis zuletzt „on hold". Da liegen Boards und Wetsuit schon im Auto und ich checke nochmal, ob die Wellen groß genug werden. Trotzdem bleibt es ein Glücksspiel: Einmal mussten wir am Mittelmeer angekommen feststellen, dass die Wellen wohl nicht eintreffen würden. Gleichzeitig wurde aber für die Adria ein Drei-Meter-Swell vorhergesagt. Kurzerhand fuhren wir rüber und fanden dort die schlechtesten Wellen mit dem miesesten Wetter in der hässlichsten Umgebung, die ich je gesehen habe. Kein Geschäft oder Hotel hatte offen, wir saßen wie begossene Pudel im Auto und konnten uns nur selbst bemitleiden.

Surfzeit: Ideal sind Back-to-Back-Swells, die gute Wellen bis zu einer Woche garantieren. Das passiert im Atlantik gar nicht so selten. Da springen bei 5-Tage-Trips oft vier bis fünf Surftage heraus. Am Mittelmeer ist nach maximal drei Tagen Schluss.

Jackpot: Bei meinem letzten Weihnachtstrip flog ich zuerst auf eine der portugiesischen Inseln, nur um am nächsten Tag wieder im Flugzeug zurück aufs Festland zu sitzen. Die Forecast für Nazaré sah einfach zu verlockend aus. Was soll ich sagen, mein Poker hat sich ausgezahlt: Der 24.12. dort war magisch und groß.

ENTDECKUNGSFAHRT

MIT GOOGLE EARTH AUF WELLENJAGD

WER

Jason Henderson, 37, stammt eigentlich aus Australien, kam aber 1998 zufällig nach Hawaii und wollte nie wieder weg. Als Startkapital hatte er genau 200 US-Dollar, doch Jason jobbte am Hotelempfang, räumte Tische in Restaurants ab, gab Surfkurse und verwirklichte seinen Traum vom Leben auf Hawaii. Zumindest bis 2011, als er beschloss auf Wellenjagd zu gehen. „Ich hatte jahrelang gearbeitet, um meine Rechnungen zu zahlen, hatte Freundinnen gehabt und andere Verpflichtungen, die mich davon abhielten zu reisen. Aber das Leben muss doch mehr zu bieten haben, sagte ich mir und machte mich auf den Weg," erinnert sich Jason. Ein halbes Jahr war er unterwegs und fand dabei unzählige neue Wellen. Heute arbeitet er als Surfguide und organisiert Trips zu seinen Entdeckungen.

WO

„Der Trip begann in Costa Rica, führte dann aber nach Nicaragua, El Salvador, Guatemala und Mexico – also fast durch ganz Mittelamerika."

WIE

„Wenn du es bequem willst, dann buche einfach ein Luxussurfcamp. Wenn du einsame Wellen surfen willst, so wie ich, musst du selbst zum Entdecker werden. Ein Faktor, der das erschwert, ist der Straßenbau. Denn größere Straßen führen fast nie an der Küste entlang. Um ans Wasser zu kommen, musst du dann irgendwelche Ministräßchen, Wege oder halbbefestigte Pfade nehmen. Da kann die Spotsuche schnell Tage dauern und das ohne Garantie auf Erfolg. Google Earth kommt dir genau dabei zu Hilfe. Plötzlich kannst du die Buchten, Landspitzen und Strände sehen, die sich am Ende dieser unzähligen Nebenstraßen verbergen und potentielle Surfspots erkennen. So engst du die Suche auf vielversprechende Ziele ein. Außerdem kannst du Landmarken wie Kirchen, Hügel oder Bergspitzen sehen, die dir auch dabei helfen, ans Ziel zu gelangen."

WAS

„Meinen besten Fund machte ich im Süden Mexikos. Wir waren schon seit Stunden unterwegs, hatten noch keine Welle gesehen und eigentlich den Tag schon aufgegeben. Da fuhren wir plötzlich an dieser Tankstelle vorbei, die ich auf Google Earth gesehen hatte. Genau dahinter müsste ein Weg zu einer Landspitze führen, die auf der Karte wie ein langer Pointbreak ausgesehen hatte. Zuerst konnten

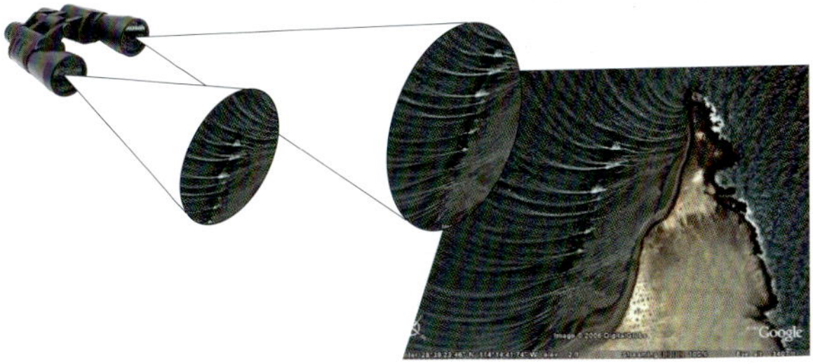

wir noch auf dem fast zugewachsenen Weg fahren, dann ging es zu Fuß weiter. Es war heiß, die vielen Moskitos waren eine Qual und der Weg nahm genauso wenig ein Ende, wie das ständige Jammern meiner Freunde. Doch irgendwann standen wir vor diesem perfekten Righthander mitten im Nirgendwo. Die Wellen waren so lang, dass wir nach jedem Ritt am Strand zur Spitze des Points zurücklaufen mussten. Drei Tage surften wir nur diese Welle und sahen keinen anderen Surfer. Es war wie im Paradies. Nur unsere Oberschenkelinnenseiten waren durch das ständige Zurücklaufen in Boardshorts am Ende so wundgescheuert, dass wir schließlich nackt herumliefen."

WAS NOCH

„Abseits der ausgetretenen Pfade läuft nicht immer alles wie geplant. Nach drei Tagen an dem eben erwähnten Righthander in Mexiko, wollte ich noch einen anderen Spot suchen. Ein Fehler, wie ich heute weiß. Der Weg war nicht fahrbar, die Ölwanne des Mietwagens wurde aufgerissen, die Armee musste uns abschleppen und die Endrechnung belief sich auf 5000 US-Dollar. Fatal hätte auch eine Aktion in Costa Rica enden können. An einem Spot war der Sand so heiß, dass ich lieber in einem kleinen Fluss ins Meer paddelte, anstatt über den Strand zu laufen. Nichts passierte, aber auf dem Rückweg konnte ich die Spuren sehen, die Krokodile hinterlassen hatten, als sie aus dem Dschungel in den Fluss geglitten sind."

EIN TIPP ZUM SCHLUSS

„Sei immer nett! Ich bin in Ecuador einmal auf einen Stachelrochen getreten, der mich mit seinem Stachel am Bein erwischte. Der Schmerz war unglaublich, eine glatte Zehn auf einer zehnstufigen Skala. Ich wusste mir nicht zu helfen, außer mich mit Alkohol zu betäuben. Da kam ein Junge aus dem Dorf, dem ich am Morgen mein Surfboard geliehen hatte und wollte sich revanchieren. Seine Mutter war wohl eine Schamanin und wusste, was helfen würde. Also gab er mir ein Blatt von einem bestimmten Baum. Ich legte es auf den Stich und zwei Stunden später war ich auf der Tanzfläche eines Clubs – wenn auch ein wenig humpelnd."

Foto: Google Earth

TRAUMREISE

TEIL 1

WAS DICH AUF EINEM MOTORRAD-TRIP DURCH AFRIKA ERWARTET

DER PLAN

Job kündigen, Motorrad kaufen und ab nach Afrika: Der Kalifornier Gary Conley hat genau das gemacht und war 2014 neun Monate von Marokko bis nach Südafrika an der Küste Westafrikas unterwegs. Er wollte in der Wüste campen, einsame Pointbreaks surfen und um Rebellen, Banditen sowie Polizisten einen großen Bogen machen.

DIE REALITÄT

„Hatte einige Überraschungen parat. Zum Beispiel hätte ich nie erwartet, dass ich fast genauso viel Zeit auf Botschaften und an Grenzübergängen verbringe wie beim Surfen. Denn leider braucht man für praktisch jedes Land in Westafrika ein eigenes Visum, und diese Behördengänge sind zäh. Außerdem ist es teuer: Ich habe etwa 3000 US-Dollar allein für Einreisegenehmigungen und diverse Schmiergelder bezahlt. Für Europäer ist es aber etwas einfacher als für US-Bürger. Ansonsten war auch mein Tagesbudget von 30 US-Dollar, das meist für Benzin und Essen draufging, recht knapp kalkuliert. Und natürlich war die Polizei nicht immer nur mein Freund und Helfer. Ich wurde so oft angehalten und nach Geld oder einem ‚Geschenk' gefragt, dass ich irgendwann winkende Menschen in Uniform am Straßenrand einfach ignorierte. Glück hatte ich, dass die Ebola-Epidemie erst ausbrach, als ich schon weitergezogen war."

SCHLAFEN

„Ich hatte zwei Strategien: Entweder in ein Dorf gehen, mich vorstellen und fragen, wo Platz für mein Zelt ist. Oder einfach in den Busch oder hinter eine Sanddüne abbiegen, wenn mich gerade niemand beobachtete. Nur an der Grenze zu Mauretanien sollte man das nicht tun, da liegen noch eine Menge Minen vergraben. Gefährliche Tiere gibt es in Westafrika eigentlich nicht, nur im Süden können schon einmal Elefanten oder Nilpferde vor dem Zelt auftauchen – einfach ruhig bleiben und nicht rausgehen, dann passiert auch nichts."

SURFEN

„Wenn ich mein Lager für ein paar Tage aufgeschlagen hatte, surfte ich so viel es ging. Wellen zu finden, war nicht schwer: Oft führte die Hauptstraße direkt an der Küste entlang; wenn ich einen vielversprechenden Point sah, bahnte ich mir über Trampelpfade einen Weg dorthin. Oder ich suchte auf Karten nach Landzungen, die für die großen Swells aus Nordwesten richtig ausgerichtet waren. Gute Wellen fand ich in der Westsahara, im Senegal, in Liberia, Gabun und Südafrika, der Jackpot war aber Angola: Mitten in der Wüste reihte sich eine halbmondförmige Bucht an die nächste und in fast jeder lief ein perfekter Point mehrere hundert Meter bis an den Strand. Dazu Offshore den ganzen Tag und niemand außer mir im Wasser. Überhaupt traf ich nur wenige Surfer: In Sierra Leone, Liberia und Ghana jeweils etwa 15, in Kamerun einen einzigen."

GEFAHREN

„An der Elfenbeinküste wurde ich vor einem Straßenabschnitt gewarnt. Anscheinend war dort erst kurz zuvor einem armen Hund sein Auto samt Besitz geraubt worden. Eigentlich wollte ich mich deshalb einem UN-Konvoi anschließen, leider verpasste ich aber die Abfahrt und fuhr gezwungenermaßen alleine. Die Straßensperre aus Ästen und Holzlatten sah ich schon aus der Ferne, genauso wie ein paar Typen mit Gewehren etwas abseits im Schatten eines Baums. Ich wusste sofort, dass es kein offizieller Polizeicheckpoint war, da liegen immer Nagelbänder auf der Straße. Mein Glück war, dass auf Motorrädern fast nur Locals unterwegs sind. Daher nahmen die Banditen kaum Notiz von mir, als ich näher kam. Erst als ich eine Lücke in der Barriere sah und Vollgas gab, erkannten sie, dass ich ein Tourist war. Sie sprangen auf, schrien mir hinterher, feuerten aber keinen Schuss ab. Später erfuhr ich, dass ein anderer Motorradfahrer, der fliehen wollte, eine Kugel ins Bein bekommen hat."

FAHREN

„In der Wüste nie vom Gas gehen! Sonst graben sich die Reifen ein, und das Bike wieder frei zu schaufeln ist eine Knochenarbeit. Es hilft auch, etwas Luft aus den Reifen zu lassen und dein Gewicht nach hinten zu verlagern. Aber dieser Trick kann dir schnell einen Platten bescheren, wenn auf einen Sandabschnitt eine Geröllpiste folgt. Kleine Reparaturen musst du selbst erledigen können. Am besten hast du alle wichtigen Ersatzteile dabei, denn die sind in Afrika nur sehr schwer aufzutreiben."

Gary ist noch immer mit Bike und Surfboard unterwegs und nun auf dem Weg nach Indo. Auf seinem Blog www.bugsonmyboard.org kannst du seinem Trip folgen.

TRAUMREISE

TEIL 2

WELCHE ÜBERRASCHUNGEN EINE UNBEWOHNTE INSEL IN INDONESIEN BEREITHÄLT

DER PLAN

Der Franzose Ronan Gladu und seine beiden Freunde Aurel Jacob und Ewen Le Goff aus der Bretagne waren Mitte Zwanzig, als sie 2009 den Kindheitstraum vieler Surfer verwirklichen wollten: Auf einer einsamen Insel im Robinson-Crusoe-Stil als Selbstversorger leben und perfekte Wellen surfen. Via Google Earth hatten sie vier mögliche Inseln ausgemacht, ein befreundeter Arzt zeigte ihnen an einer Lammhaxe, wie man Wunden näht, und los ging's.

DIE REALITÄT

„Probleme gab es von Anfang an. Alle Inseln, die auf der Karte toll ausgesehen hatten, waren dann doch bewohnt oder hatten keine surfbaren Wellen. Deshalb dauerte auch alleine die Suche nach ‚unserer' Insel sechs Wochen. Die war dann 500 Meter breit, 1.2 Kilometer lang, samt Spot davor und einem kleinen Dschungel in der Mitte, in dem wir uns tatsächlich einmal verirrt haben. Nicht geplant war auch, dass wir 80 Prozent der Zeit mit unserem Überleben auf der Insel beschäftigt waren und nur wenig Zeit und Kraft zum Surfen blieb. Dazu muss man aber wissen, dass wir wahrscheinlich jeden Anfängerfehler machten, der möglich war. Schon am ersten Tag brannten wir ein Loch in ein Moskitonetz, dann wurde unsere Medikamentenkiste geflutet und außerdem waren die Regenplanen viel zu kurz, um uns nachts in den Hängematten bei Niederschlag trocken zu halten – und es regnete jeden Tag. In diesem Klima Feuer machen, war auch eine Herausforderung. Wir hatten einige Feuerzeuge und zwei Sturmfeuerzeuge dabei, alle gaben aber nach kurzer

Zeit ihren Geist auf. Folglich durften wir unser Feuer nicht mehr ausgehen lassen. Das hieß dann, mitten in der Nacht aufzustehen, bei Wind und Regen Brennmaterial nachzulegen und dann im beißenden Qualm des feuchten Holzes wieder ein paar Stunden zu schlafen.“

SURFEN

„Die Welle war ein barrelnder Righthander mit einer fiesen Endsection, die sich bei Ebbe in einen Closeout über trockenem Riff voller Feuerkorallen entwickelte. Keiner von uns kam ungeschoren davon. Schon nach der ersten Session waren wir von Reefcuts gezeichnet. Ewen surfte dann nur noch in Shorty und Booties. Lange Surfsessions hatten wir aber sowieso nicht, weil wir immer anderes zu tun hatten.“

SELBSTVERSORGEN

„Wir brachten 60 Liter Trinkwasser mit und alles, was man zum Wasseraufbereiten braucht. Aber durch den ständigen Regen hatten wir nie Angst, verdursten zu müssen. Zu essen hatten wir 20 Kilo Reis dabei und zwei Hühner, die eigentlich Eier legen sollten, es aber nicht taten. Die Tage begannen mit Reis vom Vorabend, der durch die extreme Feuchtigkeit leider angeschimmelt war, und Kokosnüssen oder Bananen, die es auf der Insel gab. Dann gingen wir surfen und verbrachten danach Stunden beim Fischen, um ein Abendessen zu haben. Außerdem aßen wir noch ein paar der unzähligen Landkrabben. Da Aurel aber hochgradig allergisch gegen Meeresfrüchte ist, gestaltete sich sein Speiseplan eintöniger. Er versuchte deshalb sogar, einen Waran zu erlegen, was aber misslang. Dem Waran gelang es dafür, unsere beiden Hühner zu erlegen.“

GEFAHREN

„Malaria war die große Bedrohung, und die Idee, sich nicht von Mücken stechen zu lassen, war vom ersten Tag an zum Scheitern verurteilt. Deshalb schluckten wir auch täglich Pillen zur Malariaprophylaxe. Ansonsten wussten wir einfach, dass uns nichts Schlimmes passieren durfte. Wir waren drei Stunden vom nächsten Dorf und zwei bis drei Tagesreisen von der nächsten Stadt entfernt.“

ABREISE

„Nach 23 Tagen war Schluss. Ewen war an Chikungunya erkrankt – einer Krankheit wie Denguefieber, die auch durch Mücken übertragen wird. Außerdem hatte er infizierte Reefcuts an den Füßen, Aurel eine tiefe, entzündete Wunde am Oberschenkel und ich einen Fuß, der auf die doppelte Größe angeschwollen war. Als wir dann ein Fischerboot vor der Insel sahen, ergriffen wir die Chance. Eigentlich war verabredet worden, dass wir eine Woche später abgeholt werden. In Frankreich verbrachte Ewen erstmal drei Tage in der Quarantänestation des Krankenhauses. Und ich hatte auf der Insel tatsächlich elf Kilo abgenommen.“

Nach ihrem Inselabenteuer gingen die drei 2014 per Katamaran auf Wellenjagd in der Südsee und planen, 2016 erneut in See zu stechen. News auf www.lostintheswell.com

TRAUMREISE

TEIL 3

WIE SICH SURFEN IM WINTER AM POLARKREIS ANFÜHLT

DER PLAN

Die beiden Norweger Inge Wegge und Jørn Ranum wollten von September bis Weihnachten in einer einsamen Bucht im Norden Norwegens leben, eine Hütte aus Treibholz und angeschwemmtem Müll bauen und so viel surfen wie möglich.

DIE REALITÄT

„Tatsächlich gefiel uns das einfache Leben in unserer Bucht so gut, dass wir am Ende bis Mai dort blieben – insgesamt also neun Monate. Ansonsten sah unser aus Müll gebautes Haus komplett anders aus als geplant. Aber wir mussten eben nehmen, was der Ozean an den Strand gespült hatte. Sorgen um zu wenig Baumaterial mussten wir uns dabei nie machen, unglaublich, was alles im Meer schwimmt. Dass es kalt werden würde wussten wir, ebenso, dass es ein Menge schneien und viele Stürme geben würde, schließlich kommen wir aus Norwegen. Unsere Tage bestanden aus Holzhacken und Surfen oder aus Holzhacken und auf besseres Wetter warten."

HAUSBAU

„Drei Wochen lebten wir im Zelt, bis das Haus ein Dach hatte und wir einziehen konnten. Bis es komplett fertig war, vergingen eineinhalb Monate – gerade noch rechtzeitig, bevor der erste fiese Wintersturm über uns hereinbrach. Wir waren beide auf einer Filmhochschule und hatten vorher noch nie ein Haus gebaut. Aber irgendwie bekamen wir es hin, auch wenn das fertige Bauwerk ein wenig an ein Hobbit-Haus aus Mittelerde erinnerte. An Werkzeug brachten wir nur Hammer, Messer sowie eine rostige Säge mit, und an Baumaterial nicht mehr als ein paar Nägel und Glaseinsätze aus den Türen von Waschmaschinen – ansonsten hätten wir keine Fenster gehabt."

SURFEN

„Die Bucht produziert keine Weltklassewellen, aber es gab einen netten Lefthander mit langen Walls und lustigen Sections. Zu kalt zum Surfen war es nie. Das Wasser ist vielleicht auf drei oder vier Grad abgekühlt, aber mit einem guten Wetsuit, Booties, Handschuhen und Haube ist das kein Problem. Wenn die Wellen gut waren, blieben wir meist so lange im Wasser, bis wir unsere Beine nicht mehr spürten. Der Trick ist, immer zu paddeln und in Bewegung zu bleiben. Wenn du nur auf deinem Board sitzt und wartest, fängst du sofort an zu frieren. Am unangenehmsten war das Umziehen. Du musst dir vorstellen, dass die nassen Anzüge im Winter nachts vor unserer Hütte tatsächlich gefroren sind. Vor einer Session machten wir immer erst Wasser warm, schütteten es über den Anzug und in die Booties, suchten einen schneefreien Platz zum Anziehen und sprinteten zum Wasser. Laufen war überhaupt das beste Aufwärmtraining, denn sobald du in Booties zu lang auf einem Fleck standest, hast du sofort eiskalte Füße bekommen. Einen Monat lang kamen wir aber überhaupt nicht ins Wasser, da tobte ein Sturm nach dem anderen, und auf dem Meer gab es Weißwasserwalzen bis zum Horizont."

KOMFORT

„Elektrizität haben wir nie vermisst. Kerzen reichten als Licht vollkommen aus. Außerdem hatten wir aus einem alten Ölfass einen Ofen gebaut, der uns als Heizung und Kochstelle diente. Wir hatten kein Thermometer, aber die Temperaturen fielen sicher auf minus zehn Grad. Im Inneren war es trotzdem mollig warm, nachts im Schlafsack manchmal sogar zu warm. Nur das Brennholz durfte nicht ausgehen. Sonst hätten wir bald Temperaturen wie auf unserem Klo gehabt, das lag nämlich im Freien. Nicht ganz so gemütlich, wenn gerade ein Sturm tobt, der dir den Regen von allen Seiten um die Ohren peitscht. Zu essen gab es reichlich und alles umsonst, allerdings nicht aus der Natur. Im Winter am Polarkreis wächst einfach nicht viel. Aber in Norwegen gibt es ein Gesetz, nach dem Supermärkte ihre abgelaufenen Waren umsonst abgeben müssen. Eigentlich war das nächste Dorf nur eine Wanderung von etwa einer Stunde entfernt – im Sommer. Im Winter bei Schnee dauerte es fünf Stunden, wenn wir uns mit neuen, nicht mehr ganz frischen Lebensmitteln versorgen wollten."

Die beiden Norweger haben ihren neunmonatigen Wintercampingtrip in dem Film „North of the Sun" festgehalten. Download über: www.northofthesun.no

ZUGANGSBESCHRÄNKUNG

LUST AUF EINE EINSAME WELLE IRGENDWO IM NIRGENDWO, SO MÜHSAM ZU ERREICHEN, DASS KAUM EIN SURFER DEN WEG DORTHIN IN KAUF NIMMT? DREI REISEEMPFEHLUNGEN:

GROSS NIKOBAR

Wo? Etwa 200 Kilometer nördlich von Sumatra im bengalischen Golf. Das südlichstes Eiland der Andamanen und Nikobaren gehört offiziell zu Indien.

Wie hinkommen? Bis Port Blair auf den Andamanen mit dem Flugzeug, dann weiter mit der Fähre. Die legt einmal pro Woche ab, je nach Wetter dauert die Fahrt drei Tage oder länger. Der indische Fotograf Rammohan Paranjape und zwei seiner Freunde wagten 2010 bisher als einzige Surfer die Reise. Ausländer erhalten nur in Ausnahmefällen ein Visum. Die australische Surflegende Peter Troy versuchte es vor vielen Jahren sogar mit einem Empfehlungsschreiben des australischen Premierministers – ohne Erfolg.

Nicht vergessen: Ein Zelt, denn Hotels oder Pensionen gibt es keine. In der Hauptstadt Campbell Bay kannst du Wasser- und Lebensmittelvorräte kaufen.

Wie sind die Wellen? Rammohan und seine Freunde entdeckten zahlreiche Breaks rund um die Südspitze der Insel: „Hohle, schnelle Barrels, Rechte genauso wie Linke." Er vermutet noch unzählige Wellen entlang der West- und Ostküste, aber Spots zu finden, ist nicht so einfach: „Es gibt keine Mietautos, nur ein paar Tuktuks, und ein Großteil der Straßen ist seit dem Tsunami 2004 vollständig zerstört. Am besten mietet man sich ein Fischerboot, das ist allerdings nicht ganz billig – nach drei Tagen ging uns das Geld aus", so Rammohan.

Was fürchten? Früher hießen die Andamanen und Nikobaren „Inseln der Kannibalen". Noch immer gibt es Eingeborene, aber die leben abgeschottet von der Außenwelt tief im Dschungel. Bedrohlicher ist die heimische Tierwelt: An Land lauern Malariamücken und bis zu zehn Meter lange Netzpythons, im Wasser Haie und Salzwasserkrokodile.

Crowd-Faktor*: 0/10

PITCAIRN

Wo? Tausende Kilometer vom Festland entfernt, mitten im Südpazifik. Daher war die früher unbewohnte Insel auch der ideale Zufluchtsort für die Meuterer der „Bounty“.
Wie hinkommen? Nach Tahiti fliegen, von dort weiter mit dem Transportschiff. Aber Achtung: Das fährt nur acht Mal im Jahr nach Pitcairn.
Nicht vergessen: Eine Reiseversicherung. Das nächste Krankenhaus liegt drei Seetage oder einen Helikopterflug entfernt in Tahiti – ein Arztbesuch kann also teuer werden.
Wie sind die Wellen? Laut Surfing Atlas lediglich „durchschnittlich“, aber dafür musst du sie auch nur mit ein paar Nachfahren der ehemaligen „Bounty“-Besatzung teilen. Offiziell leben 47 Menschen auf Pitcairn, Tendenz: sinkend.
Was fürchten? Laut National Geographic besitzt Pitcairn eines der intaktesten marinen Ökosysteme der Welt. Wer hier ins Wasser springt, ist sofort von Haien umgeben. Aber keine Angst: Meistens sind es harmlose Riffhaie.
Crowd-Faktor*: 1/10

MONTSERRAT

Wo? In der Karibik, oberhalb von Guadeloupe und gleich neben Antigua.
Wie hinkommen? Nach Antigua fliegen und von dort mit Fähre oder Kleinflugzeug übersetzen. Früher hatte die Insel einen internationalen Flughafen, aber der fiel 1995 einem Vulkanausbruch zum Opfer.
Nicht vergessen: Eine Menge Geduld, denn die Karibik kann ein launisches Biest sein: Von perfekten, türkisblauen Tubes über Onshore-Mush bis hin zu tagelangen Flats ist mit allem zu rechnen.
Wie sind die Wellen? Der Kalifornier Gary Robilotta, der 13 Jahre auf der Insel lebte, war in den 80ern einer der ersten Surfer dort und ist überzeugt: „Die besten Wellen meines Lebens hatte ich in Montserrat.“ Gary vermutet, dass durch den letzten Vulkanausbruch neue Breaks an der Südwest- und Südostküste entstanden sein könnten. Leider sind seitdem aber auch zwei Drittel der Insel Speergebiet und nur mit Tour Guide und polizeilicher Genehmigung zu betreten.
Was fürchten? Vulkanausbrüche (jederzeit) und Wirbelstürme (von Juli bis November).
Crowd-Faktor*: 2/10

*0 = nur du und ein paar Fische im Wasser, 10 = mehr Surfer als Fische im Wasser

LETZTE WEISHEITEN

„In Texas gibt es die dicksten Quallenteppiche. Sie brennen nicht allzu sehr, aber lassen dein Surfboard seltsam vibrieren, weil du auf einer einzigen Welle über hunderte Quallen surfst und jedes Mal einen kleinen Ruck spürst, wenn du sie mit den Finnen triffst." – Morgan Faulkner, einer der besten Surfer an Amerikas „vergessener" Küste in Texas

„Wenn du sechs Stunden surfen willst, musst du zwei Dinge beachten: Trink genug, denn ein dehydrierter Körper macht bald schlapp. Und paddle gemächlich, denn wenn du nach jeder Welle zurück in den Lineup hetzt, sind deine Akkus bald leer." – Cory Lopez, amerikanischer Prosurfer, dessen längste Nonstop-Session zehn Stunden dauerte

„TRAINIERT LUFTANHALTEN WIRKLICH NIEMALS ALLEINE – WENN ICH DAS MACHE, WERDE ICH DABEI STÄNDIG BEWUSSTLOS."

Mark Healey, Big-Wave-Surfer und Waterman, der über fünf Minuten ohne einen Atemzug auskommt

„Nimm für einen Trip durch Afrika ein paar Kopien deines Führerscheins mit. Dort nehmen Polizisten gerne Führerscheine an sich und geben sie erst nach einer Geldspende zurück. Kopien deiner Papiere kannst du einfach zurücklassen und weiterfahren..." – Gary Conley, der per Motorrad Afrikas Westküste von Marokko bis Südafrika nach Surfspots absuchte

„Wenn dir irgendwo in den Tropen das Surfwachs ausgeht, dann nimm eine Kerze aus Paraffinwachs, zerbrösle sie, mische Kokosnussöl darunter und schon hast du dein selbstgemachtes Surfwachs." – Dave Kingdon, Gründer und Shaper von Utopia Surfboards in Mimizan/ Frankreich

„KIFFER UND BOATTRIPS SIND KEINE GUTE KOMBINATION. ICH HABE GESEHEN, WIE SICH FRÖHLICHE WEEDRAUCHER INNERHALB WENIGER TAGE OHNE DOPE IN PARANOIDE NERVENBÜNDEL VERWANDELTEN."

Martin Daly, Surfcharterkapitän in den Mentawais von Anfang an